6年

実力アップ
英語
練習ノート

特別ふろく

ふろく英語カードの練習ができる！

年	組	名前

「英語練習ノート」はとりはずして使用できます。

Ⓐ

1 職業 ①

読みながらなぞって、もう1回書きましょう。

①

artist
芸術家

artist

artist

②

astronaut
宇宙飛行士

astronaut

------ o ではなく a だよ。

③

carpenter
大工

carpenter

------ a ではなく e だよ。

④

comedian
お笑い芸人

comedian

⑤

dentist
歯医者

dentist

dentist

2 職業 ②

読みながらなぞって、もう1回書きましょう。

⑥

flight attendant
客室乗務員

flight attendant

間をあけるよ。

⑦

musician
ミュージシャン、音楽家

musician

⑧

cook
料理人、コック

cook
oを2つ重ねるよ。
cook

⑨

pianist
ピアニスト

pianist
pianist

⑩

scientist
科学者

scientist
aではなくcだよ。

3 職業 ③

■ 読みながらなぞって、もう1回書きましょう。

⑪

soccer player
サッカー選手

soccer player

a ではなく o だよ。

⑫

vet
じゅう い
獣医

vet

vet

⑬

writer
作家

writer

w から始まるよ。

writer

⑭

zookeeper
動物園の飼育員

zookeeper

4 身の回りの物 ①

🟦 読みながらなぞって、もう１回書きましょう。

⑮

bat
バット

bat

bat

⑯

eraser
消しゴム

eraser

eraser

⑰

glasses
めがね

glasses

------- ｓを２つ重ねるよ。

glasses

⑱

ink
インク

ink

ink

5 身の回りの物 ②

📖 **読みながらなぞって、もう1回書きましょう。**

⑲

magnet
じ しゃく
磁石

magnet

magnet

⑳

pencil sharpener

えんぴつけずり

pencil sharpener

┈┈┈ s ではなく c だよ。

㉑

present

プレゼント

present

┈┈┈ z ではなく s だよ。

present

㉒

racket

ラケット

racket

racket

6 身の回りの物 ③

✿ 読みながらなぞって、もう1回書きましょう。

㉓

soccer ball

soccer ball
サッカーボール

㉔

stapler

------ a ではなく e だよ。

stapler

stapler
ホッチキス

㉕

smartphone

smartphone

smartphone
スマートフォン

㉖

umbrella

------ l を2つ重ねるよ。

umbrella
かさ

7 スポーツ

読みながらなぞって、もう1回書きましょう。

㉗

gymnastics
たいそう
体操

gymnastics

↑ i ではなく y だよ。

㉘

rugby
ラグビー

rugby

rugby

㉙

surfing
サーフィン

surfing

↑ a ではなく u だよ。

surfing

㉚

tennis
テニス

tennis

tennis

㉛

wrestling
レスリング

wrestling

8　食べ物・飲み物 ①

🌸 読みながらなぞって、もう1回書きましょう。

③②

food
食べ物

food

food

③③

drink
飲み物

drink

drink

③④

dessert
デザート

dessert

------- s を2つ重ねるよ。

dessert

③⑤

menu
メニュー

menu

menu

③⑥

omelet
オムレツ

omelet

------- r ではなく l だよ。

omelet

9 食べ物・飲み物 ②

読みながらなぞって、もう1回書きましょう。

㊲

nut
ナッツ、木の実

nut

a ではなく u だよ。

nut

㊳

broccoli
ブロッコリー

broccoli

broccoli

㊴

pumpkin
カボチャ

pumpkin

n ではなく m だよ。

pumpkin

㊵

yogurt
ヨーグルト

yogurt

yogurt

㊶

jam
ジャム

jam

jam

10 食べ物・飲み物 ③

❈ 読みながらなぞって、もう1回書きましょう。

㊷

pudding

プリン

pudding

┈┈┈┈ dを2つ重ねるよ。

pudding

㊸

donut

ドーナツ

donut

donut

㊹

cookie

クッキー

cookie

cookie

㊺

shaved ice

かき氷

shaved ice

┈┈┈┈ sではなくcだよ。

㊻

green tea

緑茶

green tea

11 自然 ①

🌸 **読みながらなぞって、もう1回書きましょう。**

⑷⑺
mountain
山

mountain

┄┄┄ e ではなく a だよ。

⑷⑻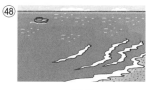
sea
海

┄┄┄ a で終わるよ。

sea

⑷⑼
river
川

river

river

⑸⓪
lake
湖

lake

lake

⑸①
beach
浜辺

beach

┄┄┄ a をわすれずに！

beach

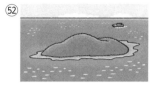

12 自然 ②

読みながらなぞって、もう1回書きましょう。

(52)
island
島

island
s をわすれずに！
island

(53)
tree
木

tree
tree

(54)
sun
太陽

sun
a ではなく u だよ。
sun

(55)
moon
月

moon
moon

(56)
star
星

star
star

13 自然 ③ / 動物 ①

■ 読みながらなぞって、もう1回書きましょう。

㉗

rainbow
にじ

rainbow

rainbow

㉘

giraffe
キリン

giraffe

┈┈ f を2つ重ねるよ。

giraffe

㉙

goat
ヤギ

goat

goat

㉚

koala
コアラ

koala

koala

㉛

penguin
ペンギン

penguin

┈┈ u をわすれずに！

penguin

14 動物 ②

読みながらなぞって、もう1回書きましょう。

⑥2

sea turtle
ウミガメ

sea turtle

↑
------ a ではなく u だよ。

⑥3

whale
クジラ

whale

whale

⑥4

wolf
オオカミ

wolf

wolf

⑥5

zebra
シマウマ

zebra

zebra

⑥6

ant
アリ

ant

ant

15 動物 ③ / 学校行事 ①

📖 読みながらなぞって、もう1回書きましょう。

⑥⑦

butterfly

チョウ

butterfly

‥‥‥ tを2つ重ねるよ。

⑥⑧

frog

カエル

frog

frog

⑥⑨

entrance ceremony

入学式

entrance ceremony

‥‥‥ sではなくcだよ。

⑦⓪

sports day

運動会

sports day

⑦①

school trip

修学旅行

school trip

16 学校行事 ②

読みながらなぞって、もう1回書きましょう。

⑦72

chorus contest

合唱コンクール

⑦73

swimming meet

水泳競技会

⑦74

drama festival

学芸会

⑦75

music festival

音楽祭

┄┄┄ k ではなく c だよ。

⑦76

field trip

遠足、社会科見学

┄┄┄ e をわすれずに！

17 学校行事 ③ / 日本文化 ①

💠 読みながらなぞって、もう1回書きましょう。

⑦

marathon
マラソン

marathon

------ s ではなく th だよ。

⑧

volunteer day
ボランティアの日

volunteer day

⑨
graduation ceremony
卒業式

graduation ceremony

⑩
cherry blossom
桜（の花）

cherry blossom

------ s を2つ重ねるよ。

⑪
fireworks
花火

fireworks

fireworks

● 勉強した日　　月　　日

18 日本文化 ② / 施設・建物 ①

読みながらなぞって、もう1回書きましょう。

(82)

festival

祭り

festival
festival

(83)

hot spring

温泉

hot spring

(84)

town

町

town

a ではなく o だよ。

town

(85)

bookstore

書店

bookstore

o を2つ重ねるよ。

(86)

convenience store

コンビニエンスストア

convenience store

19 施設・建物 ②

📖 読みながらなぞって、もう1回書きましょう。

⑧⑦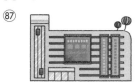

department store
デパート

department store

⑧⑧

movie theater
映画館

movie theater

‥‥‥‥ s ではなく th だよ。

⑧⑨

bank
銀行

bank

bank

⑨⑩

bakery
パン店

bakery

‥‥‥‥ a ではなく e だよ。

bakery

⑨①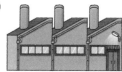

factory
工場

factory

factory

20 施設・建物 ③
しせつ

■ 読みながらなぞって、もう1回書きましょう。

⑨2

amusement park
遊園地

amusement park

⑨3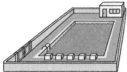

aquarium

k ではなく q だよ。

aquarium
水族館

⑨4

swimming pool

m を2つ重ねるよ。

swimming pool
プール

⑨5

stadium

stadium
スタジアム

stadium

⑨6

zoo

zoo
動物園

zoo

21 施設・建物 ④
しせつ

🌸 読みながらなぞって、もう1回書きましょう。

⑨⑦

castle
城

castle

------ t をわすれずに！

castle

⑨⑧

temple
寺

temple

temple

⑨⑨

shrine
神社

shrine

shrine

⑩⑩

garden
庭

garden

garden

⑩①

bridge
橋

bridge

------ d をわすれずに！

bridge

22 様子や状態を表すことば ①

■ 読みながらなぞって、もう1回書きましょう。

⑩⑫

delicious
とてもおいしい

delicious

---

⑩⑬

exciting
わくわくさせる

exciting

------ s ではなく c だよ。

exciting

---

⑩⑭

fun
楽しいこと

fun

------ a ではなく u だよ。

fun

---

⑩⑮

interesting
おもしろい

interesting

---

⑩⑯

wonderful
すばらしい、おどろくべき

wonderful

23 様子や状態を表すことば ②

読みながらなぞって、もう1回書きましょう。

⑩⑦

beautiful
美しい

beautiful

⑩⑧

brave
ゆうかん
勇敢な

brave

brave

⑩⑨

funny
おかしい

funny

------ a ではなく u だよ。

funny

⑪⓪

popular
人気のある

popular

------ r ではなく l だよ。

popular

⑪①

cute
かわいい

cute

cute

24 様子や状態を表すことば ③

■ 読みながらなぞって、もう１回書きましょう。

⑪⑫

scary
こわい

scary

scary

⑪⑬

thirsty
のどがかわいた

thirsty

th で始まるよ。

thirsty

⑪⑭

high
高い

high

g をわすれずに！

high

⑪⑮

tall
（背が）高い

tall

tall

25 味

読みながらなぞって、もう1回書きましょう。

⑯

sweet
あまい

sweet

e を2つ重ねるよ。

sweet

⑰

bitter
苦い

bitter

t を2つ重ねるよ。

bitter

⑱

sour
すっぱい

sour

sour

⑲

salty
塩からい

salty

salty

⑳

spicy
からい、ぴりっとした

spicy

s ではなく c だよ。

spicy

26 動作・活動を表すことば ①

読みながらなぞって、もう1回書きましょう。

⑫

n ではなく m だよ。

camping
キャンプ

⑫

hiking

hiking

hiking
ハイキング

⑫

shopping

p を2つ重ねるよ。

shopping
買い物

⑫

fishing

fishing

fishing
魚つり

⑫

enjoy

enjoy

enjoy
楽しむ

27 動作・活動を表すことば ②

📖 読みながらなぞって、もう1回書きましょう。

(126)

visit
ほうもん
訪問する

visit

visit

(127)

talk
話す

talk

------ o ではなく a だよ。

talk

(128)

read
読む

read

------ a をわすれずに！

read

(129)

teach
教える

teach

teach

(130)

study
勉強する

study

study

28 動作・活動を表すことば ③

■ 読みながらなぞって、もう1回書きましょう。

⑬

draw

絵をかく

draw

draw

⑬

run fast

速く走る

run fast

run fast

⑬

jump rope

縄とびをする

jump rope

------ a ではなく u だよ。

⑬

play soccer

サッカーをする

play soccer

29 動作・活動を表すことば ④ / 日課 ①

🟦 **読みながらなぞって、もう1回書きましょう。**

⑬⑤

play the piano
ピアノをひく

play the piano

⑬⑥

ride a unicycle
一輪車に乗る

ride a unicycle

i ではなく y だよ。

⑬⑦

wash my face
顔をあらう

wash my face

⑬⑧

brush my teeth
歯をみがく

brush my teeth

e を2つ重ねるよ。

30 日課 ②

読みながらなぞって、もう１回書きましょう。

⑬⁹

eat breakfast

eat breakfast

朝食を食べる

⑭⁰

eat lunch

a ではなく u だよ。

eat lunch

昼食を食べる

⑭¹

eat dinner

n を２つ重ねるよ。

eat dinner

夕食を食べる

⑭²

walk my dog

walk my dog

イヌを散歩させる

⑭³

get the newspaper

get the newspaper

新聞を取る

31 日課 ③

📖 読みながらなぞって、もう1回書きましょう。

(144)

take out the garbage

ごみを出す

take out the garbage

(145)

clean my room

部屋のそうじをする

clean my room

(146)

set the table

食卓(しょくたく)の準備をする

set the table

┈┈┈ e ではなく a だよ。

(147)

wash the dishes

皿をあらう

wash the dishes

(148)

clean the bath

風呂(ふろ)のそうじをする

clean the bath

┈┈┈ a をわすれずに！

🎵 p01

soccer
サッカー

basketball
バスケットボール

Japanese
国語

English
英語

badminton
バドミントン

baseball
野球

math
算数

social studies
社会科

volleyball
バレーボール

table tennis
卓球

music
音楽

science
理科

P.E.
体育

🎵 p02

astronaut
宇宙飛行士

baker
パン焼き職人

pilot
パイロット

doctor
医者

pianist
ピアニスト

comedian
お笑い芸人

singer
歌手

florist
生花店の店員

farmer
農場主

fire fighter
消防士

police officer
警察官

tennis player
テニス選手

bus driver
バスの運転手

🎵 p03

swim
泳ぐ

skate
スケートをする

enjoy
楽しむ

visit
訪問する

study
勉強する

cook
料理をする

ski
スキーをする

dance
踊る

eat
食べる

buy
買う

clean
そうじをする

1st 2nd 3rd 4th 5th 6th 7th 8th 9th 10th 11th 12th 13th 14th 15th 16th 17th 18th 19th 20th 21st 22nd 23rd 24th 25th 26th 27th 28th 29th 30th 31st 🎵 p04 Date

教科書ワーク英語6年折込(表)

わくわく 英語カード

教科書ワーク 6年 1〜79

スピーキングアプリ対応 ♪

わくわく 英語カード

教科書ワーク 6年 80〜156

スピーキングアプリ対応 ♪

使い方

❶切りはなして、リングなどで
　とじます。

❷音声に続けて言いましょう。
　音声はこちらから聞くことが
　できます。

 音声

❸日本語を見て英語を言いましょう。

英語がわかったら	▶	
覚えて何回も言えたら	▶	
かんぺきだと思ったら	▶	

それぞれのアイコンを丸で囲みましょう。

1  芸術家	**2**  宇宙飛行士
3  大工	**4**  お笑い芸人
5  歯医者	**6**  客室乗務員
7  ミュージシャン、音楽家	**8**  料理人、コック
9  ピアニスト	**10**  科学者
11 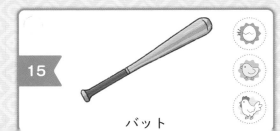 サッカー選手	**12**  獣医
13  作家	**14**  動物園の飼育員
15  バット	**16**  消しゴム

付録のスピーキングアプリを
いっしょに使って、
発音の練習もしてみよう！

教科書ワーク 英語 6年
付録 単語カード 80〜156

裏面の英語を見て、
日本語を言えるかな？

教科書ワーク 英語 6年
付録 単語カード 1〜79

英数字は音声ファイル（MP3）の
ファイル名です。

88 〜 91 …c09	129〜144…c13
92 〜 109…c10	145〜156…c14
110〜123…c11	
124〜128…c12	

c01 4
comedian

c01 3
carpenter

c01 2
astronaut

c01 1
artist

c01 8
cook

chef とも言うよ。cook には
「料理をする」という意味もあるよ。

c01 7
musician

c01 6
flight attendant

c01 5
dentist

c01 12
vet

c01 11
soccer player

c01 10
scientist

c01 9
pianist

c02 16
eraser

c02 15
bat

c01 14
zookeeper

zoo keeper と2語で
表すこともあるよ。

c01 13
writer

write は「書く」という
意味だよ。

| 17 |  めがね | 18 | 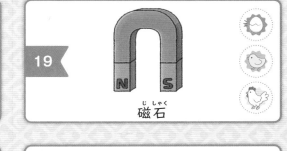 インク | 19 |  磁石（じしゃく） | 20 |  えんぴつけずり |

| 21 |  プレゼント | 22 |  ラケット | 23 |  サッカーボール | 24 |  ホッチキス |

| 25 |  スマートフォン | 26 |  かさ | 27 |  体操（たいそう） | 28 |  ラグビー |

| 29 |  サーフィン | 30 |  テニス | 31 |  レスリング | 32 |  食べ物 |

| 33 |  飲み物 | 34 |  デザート | 35 |  メニュー | 36 | オムレツ |

♪ c02　20	♪ c02　19	♪ c02　18	♪ c02　17
pencil sharpener	**magnet**	**ink**	**glasses**

♪ c02　24	♪ c02　23	♪ c02　22	♪ c02　21
stapler	**soccer ball**	**racket**	**present**

♪ c03　28	♪ c03　27	♪ c02　26	♪ c02　25
rugby	**gymnastics**	**umbrella**	**smartphone**
			phone は「電話」という意味だよ。

♪ c04　32	♪ c03　31	♪ c03　30	♪ c03　29
food	**wrestling**	**tennis**	**surfing**

♪ c04　36	♪ c04　35	♪ c04　34	♪ c04　33
omelet	**menu**	**dessert**	**drink**

37  ナッツ、木の実	38 ブロッコリー	39 カボチャ	40 ヨーグルト

41  ジャム	42  プリン	43  ドーナツ	44  クッキー

45  かき氷	46  緑茶	47 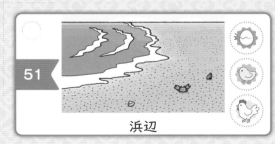 山	48  海

49  川	50  湖	51 浜辺	52 島

53  木	54  太陽	55 月	56 星

♪ c04 40	♪ c04 39	♪ c04 38	♪ c04 37
yogurt	**pumpkin**	**broccoli**	**nut**

♪ c04 44	♪ c04 43	♪ c04 42	♪ c04 41
cookie	**donut**	**pudding**	**jam**

♪ c05 48	♪ c05 47	♪ c04 46	♪ c04 45
sea	**mountain**	**green tea**	**shaved ice**
		tea だけだとふつう「紅茶」をさすよ。	snow cone という言い方もあるよ。

♪ c05 52	♪ c05 51	♪ c05 50	♪ c05 49
island	**beach**	**lake**	**river**
発音に注意しよう。s は発音しないよ。			

♪ c05 56	♪ c05 55	♪ c05 54	♪ c05 53
star	**moon**	**sun**	**tree**
	「満月」は full moon と言うよ。		

| 57  にじ | 58  キリン | 59  ヤギ | 60  コアラ |

57
にじ

58
キリン

59
ヤギ

60
コアラ

61
ペンギン

62
ウミガメ

63
クジラ

64
オオカミ

65
シマウマ

66
アリ

67
チョウ

68
カエル

69
入学式

70
運動会

71
修学旅行

72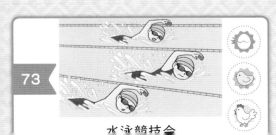
合唱コンクール

73
水泳競技会

74
学芸会

75
音楽祭

76
遠足、社会科見学

60 ♪c06	59 ♪c06	58 ♪c06	57 ♪c05
koala	**goat**	**giraffe**	**rainbow**

64 ♪c06	63 ♪c06	62 ♪c06	61 ♪c06
wolf 2ひき以上は wolves だよ。	**whale**	**sea turtle** turtle は「カメ」という 意味だよ。	**penguin**

68 ♪c06	67 ♪c06	66 ♪c06	65 ♪c06
frog	**butterfly** 2ひき以上は butterflies だよ。	**ant**	**zebra**

72 ♪c07	71 ♪c07	70 ♪c07	69 ♪c07
chorus contest	**school trip**	**sports day** sports festival と いう言い方もあるよ。	**entrance ceremony** entrance は「入口」と いう意味もあるよ。

76 ♪c07	75 ♪c07	74 ♪c07	73 ♪c07
field trip	**music festival** school concert と いう言い方もあるよ。	**drama festival**	**swimming meet** swim meet という 言い方もあるよ。

77	78	79	80

マラソン	ボランティアの日	卒業式	オーストラリア

81	82	83	84
		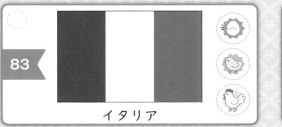	
ブラジル	エジプト	イタリア	韓国（かんこく）

85	86	87	88

ロシア	スペイン	イギリス	桜（の花）

89	90	91	92

花火	祭り	温泉（おんせん）	町

93	94	95	96
		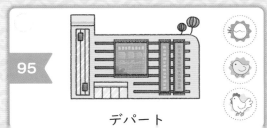	
書店	コンビニエンスストア	デパート	映画館（えいが）

♪ c08　80	♪ c07　79	♪ c07　78	♪ c07　77
Australia	**graduation ceremony** graduation day と いう言い方もあるよ。	**volunteer day**	**marathon**
♪ c08　84	♪ c08　83	♪ c08　82	♪ c08　81
Korea South Korea という 言い方もあるよ。	**Italy**	**Egypt**	**Brazil**
♪ c09　88	♪ c08　87	♪ c08　86	♪ c08　85
cherry blossom	**the U.K.** the United Kingdom を短くした言い方だよ。	**Spain**	**Russia**
♪ c10　92	♪ c09　91	♪ c09　90	♪ c09　89
town 似たものに city (市、都市) があるよ。	**hot spring**	**festival**	**fireworks**
♪ c10　96	♪ c10　95	♪ c10　94	♪ c10　93
movie theater theater は「劇場」と いう意味だよ。	**department store**	**convenience store**	**bookstore**

97 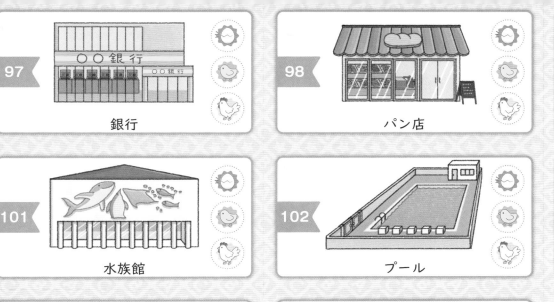 銀行	98  パン店	99  工場	100 遊園地
101  水族館	102  プール	103  スタジアム	104  動物園
105  城	106  寺	107  神社	108  庭
109  橋	110  とてもおいしい	111  わくわくさせる	112  楽しいこと
113 おもしろい	114 すばらしい、おどろくべき	115 美しい	116 ゆうかん 勇敢な

♪ c10	100	♪ c10	99	♪ c10	98	♪ c10	97

amusement park

factory

bakery

bank

♪ c10	104	♪ c10	103	♪ c10	102	♪ c10	101

zoo

stadium

swimming pool

swimmimg は「水泳」
という意味だよ。

aquarium

♪ c10	108	♪ c10	107	♪ c10	106	♪ c10	105

garden

shrine

temple

castle

発音に注意しよう。
t は発音しないよ。

♪ c11	112	♪ c11	111	♪ c11	110	♪ c10	109

fun

exciting

delicious

bridge

♪ c11	116	♪ c11	115	♪ c11	114	♪ c11	113

brave

beautiful

wonderful

interesting

117 おかしい

118 人気のある

119 かわいい

120 こわい

121 のどがかわいた

122 高い

123 （背が）高い

124 あまい

125 苦い

126 すっぱい

127 塩からい

128 からい、ぴりっとした

129 キャンプ

130 ハイキング

131 買い物

132 魚つり

133 楽しむ

134 訪問する

135 話す

136 読む

♪ c11　120	♪ c11　119	♪ c11　118	♪ c11　117
scary	**cute**	**popular**	**funny**

♪ c12　124	♪ c11　123	♪ c11　122	♪ c11　121
sweet	**tall**	**high** 「位置が高い」ときなどに使うよ。	**thirsty**

♪ c12　128	♪ c12　127	♪ c12　126	♪ c12　125
spicy	**salty** 「塩」は salt だよ。	**sour**	**bitter**

♪ c13　132	♪ c13　131	♪ c13　130	♪ c13　129
fishing	**shopping**	**hiking**	**camping**

♪ c13　136	♪ c13　135	♪ c13　134	♪ c13　133
read read books で「読書をする」だよ。	**talk** 「会話をする」というときなどに使うよ。	**visit**	**enjoy**

137 教える

138 勉強する

139 絵をかく

140 速く走る

141 縄とびをする

142 サッカーをする

143 ピアノをひく

144 一輪車に乗る

145 顔をあらう

146 歯をみがく

147 朝食を食べる

148 昼食を食べる

149 夕食を食べる

150 イヌを散歩させる

151 新聞を取る

152 ごみを出す

153 部屋のそうじをする

154 食卓の準備をする

155 皿をあらう

156 風呂のそうじをする

♪c13 **140**	♪c13 **139**	♪c13 **138**	♪c13 **137**
run fast	**draw**	**study**	**teach**
fast は「速く」という意味だよ。	「絵の具でかく」ときは paint を使うよ。		

♪c13 **144**	♪c13 **143**	♪c13 **142**	♪c13 **141**
ride a unicycle	**play the piano**	**play soccer**	**jump rope**
ride a bicycle[bike] で「自転車に乗る」だよ。	「(楽器を) ひく」というときは楽器名の前に the をつけるよ。		

♪c14 **148**	♪c14 **147**	♪c14 **146**	♪c14 **145**
eat lunch	**eat breakfast**	**brush my teeth**	**wash my face**
have lunch と言うこともあるよ。	have breakfast と言うこともあるよ。	teeth は２本以上の歯のことだよ。１本の歯は tooth だよ。	

♪c14 **152**	♪c14 **151**	♪c14 **150**	♪c14 **149**
take out the garbage	**get the newspaper**	**walk my dog**	**eat dinner**
			have dinner と言うこともあるよ。

♪c14 **156**	♪c14 **155**	♪c14 **154**	♪c14 **153**
clean the bath	**wash the dishes**	**set the table**	**clean my room**

教科書ワーク もくじ

三省堂版 英語6年

▷動画で復習& アプリで練習! 重要表現まると整理

この本のくわしい使い方

小学教科書ワークでは 教科書内容の学習 ・ 重要単語の練習 ・ 重要表現のまとめ の3つの柱で小学校で習う英語を楽しくていねいに学習できます。ここではそれぞれの学習の流れを紹介します。

教科書内容の学習

① 基本のワーク

アレック Alec先生

QRコードを読み取ると音声が流れるよ！リズムにあわせて楽しく練習！

ことば編

表現編

①新しく習う英語を音声に続いて大きな声で言おう。
● ことば編 では、その単元で学習する単語をリズムにあわせて音読するよ。
● 表現編 では、最初にふきだしの英語の音声を聞いて、その単元で学習する表現を確認するよ。
　次に「声に出して言ってみよう！」で □□□□□ のことばにいれかえてリズムにあわせて音読するよ。
②新しく習う表現についての説明を読もう。
③声に出して言えたら、□にチェックをつけよう。

重要単語の練習

① わくわく英語カード

ことば編 の最後に、英語カードの対応番号が書いてあるよ！

英語カード 32 ～ 36

各単元に関連する単語をいっしょに覚えよう！音声つき！

② 英語練習ノート

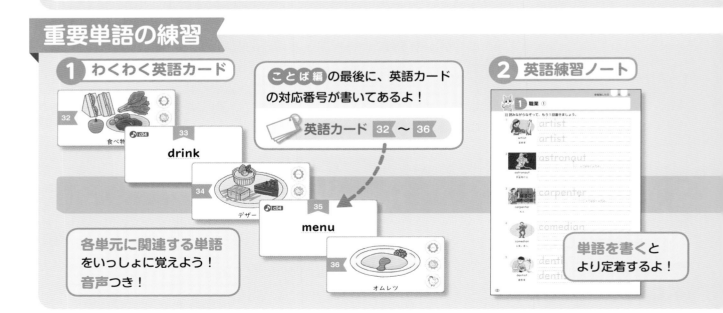

単語を書くとより定着するよ！

※QRコードは（株）デンソーウェーブの登録商標です。

英語音声の再生方法は
5ページを見よう！

リョウ
Ryo

② 書いて練習のワーク ③ 聞いて練習のワーク ④ まとめのテスト

QRコードから問題の音声
が聞けるよ。

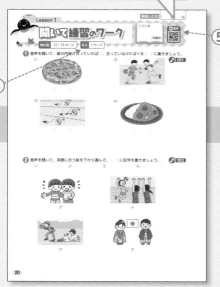

④ 新しく習ったことばや表現を書いて練習しよう。声に出して言いながら書くと効果的だよ。
⑤ 音声を聞いて問題に答えよう。聞きとれなかったら、もう一度聞いてもOK。
⑥ 解答集を見て答え合わせをしよう。読まれた音声も確認！
⑦ 確認問題にチャレンジ！問題をよく読もう。時間を計ってね。
⑧ 解答集を見て答え合わせをしよう。

③ 単語リレー（実力判定テスト）やはつおん上達アプリおん達でアウトプット！

おん達ではつおん
練習ができるよ！

単語リレーで単語の
テストができるよ！

おん達の使い方・アクセス
コードは4ページを見よう！

ヒナ
Hina

重要表現のまとめ

動画で復習&アプリで練習!
重要表現まるっと整理

QRコードを読み取ると
わくわく動画が見られるよ!

わくわく動画

リズムにあわせて表現の復習!

自己表現の練習も!

発音上達アプリ**おん達**
にも対応しているよ。

「重要表現まるっと整理」は
121ページからはじまるよ。

Adra

最後にまとめとして使っても良いし、日ごろの学習にプラスしても良いね!

Oliver

アプリ・音声について

この本のふろくのすべての**アクセスコード**は **EHNU6F9a** です。

★ 文理のはつおん上達アプリ　おん達

● 「重要表現まるっと整理」と「わくわく英語カード」の発話練習ができます。
● お手本の音声を聞いて、自分の発音をふきこむとAIが点数をつけます。
● 何度も練習し、高得点を目ざしましょう。
● 右のQRコードからダウンロードページへアクセスし、
　上記のアクセスコードを入力してください。
● アクセスコード入力時から15か月間ご利用になれます。
● 【推奨環境】スマートフォン、タブレット等(iOS11以上、Android8.0以上)

おん達
ダウンロード

※音声配信サービスおよび「おん達」は無料ですが、別途各通信会社の通信料がかかります。
※お客様のネット環境および端末によりご利用いただけない場合がございます。ご理解、ご了承いただきますよう、お願いいたします。

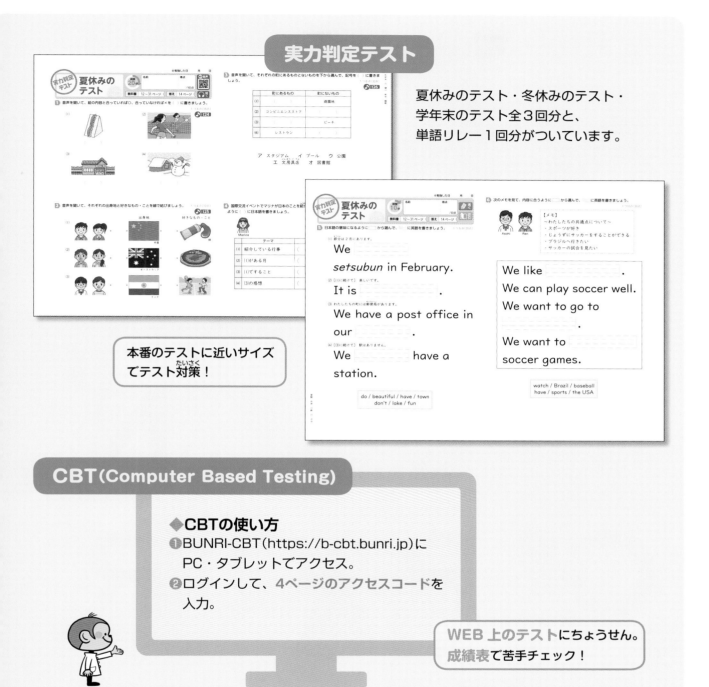

実力判定テスト

夏休みのテスト・冬休みのテスト・
学年末のテスト全3回分と、
単語リレー1回分がついています。

本番のテストに近いサイズ
でテスト対策！

CBT（Computer Based Testing）

◆CBTの使い方
❶BUNRI-CBT（https://b-cbt.bunri.jp）に
　PC・タブレットでアクセス。
❷ログインして、**4ページのアクセスコード**を
　入力。

WEB上のテストにちょうせん。
成績表で苦手チェック！

★ 英語音声の再生方法
● 英語音声があるものには ♪a01 がついています。音声は以下の3つの方法で再生することができます。
①QRコードを読み取る：
　各単元の冒頭についている音声QRコードを読み取ってください。
②音声配信サービスonhaiから再生する：
　WEBサイト https://listening.bunri.co.jp/ へアクセスしてください。
③音声をダウンロードする：
　文理ホームページよりダウンロードも可能です。
　URL　https://portal.bunri.jp/b-desk/ehnu6f9a.html
　②・③では**4ページのアクセスコード**を入力してください。

アルファベット 大文字

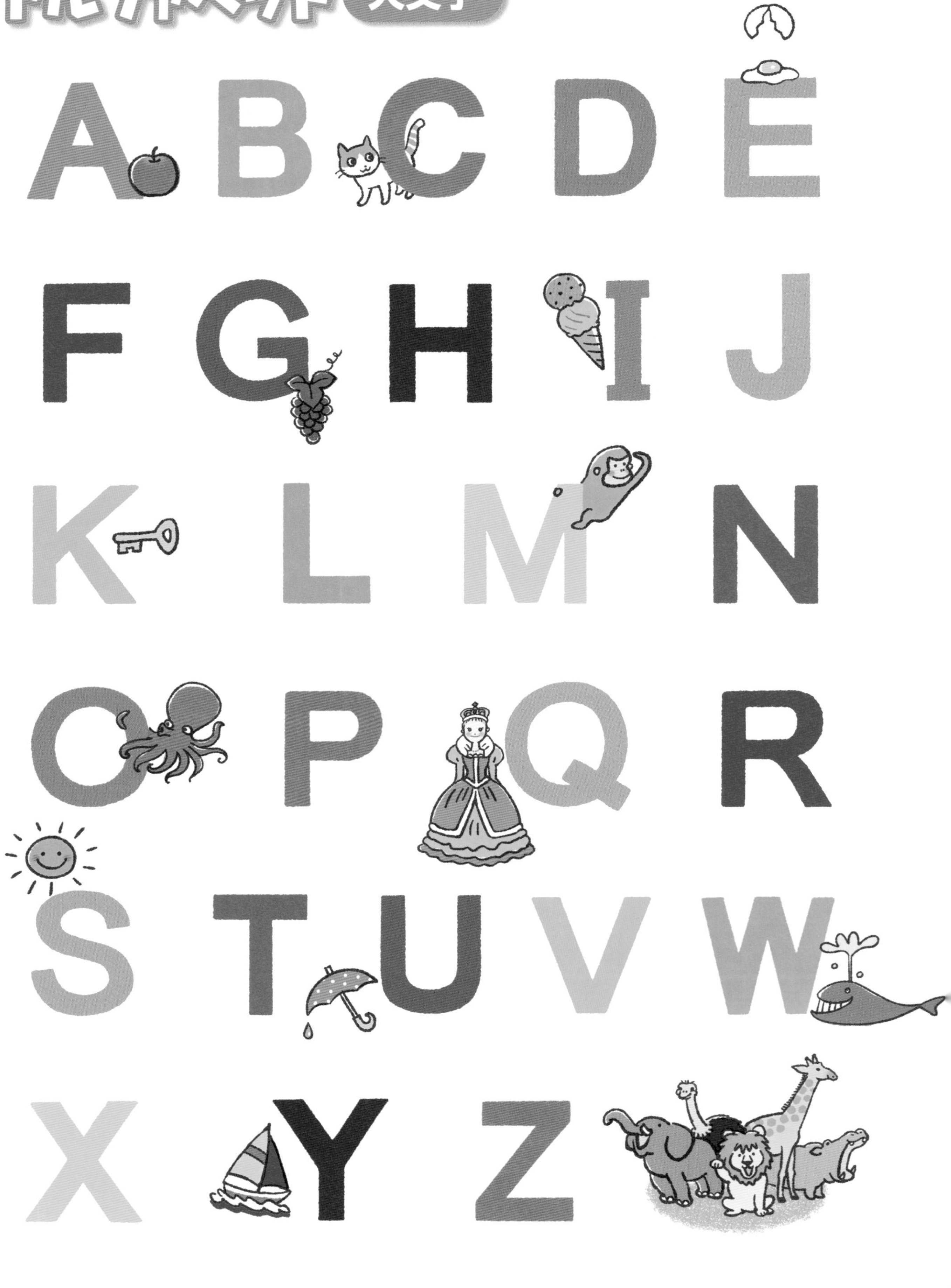
A B C D E
F G H I J
K L M N
O P Q R
S T U V W
X Y Z

☆ リズムに合わせて、声に出して言いましょう。　✔言えたらチェック □□□

🔊音声　♪a01

a　b　c　d　e

f　g　h　i　j

k　l　m　n

o　p　q　r

s　t　u　v　w

x　y　z

アルファベットを書こう

⭐ 読みながらなぞって、もう1回書きましょう。

※書き順は一つの例です。

大文字

●…書き出し

がんばって！

形や大きさに注意して
書いてみよう！

小文字

a   a

b   b

c   c

d   d

e   e

f   f

g   g

h   h

i   i

j   j

k   k

l   l

m   m

n   n

o   o

p   p

q   q

r   r

s   s

t   t

u   u

v   v

w   w

x   x

y   y

z   z

全部書けた
かな？

英語で言ってみよう
基本のワーク

⭐ リズムに合わせて、声に出して言いましょう。

　♪ a02

月

☐ **January**
1月

☐ **February**
2月

☐ **March**
3月

☐ **April**
4月

☐ **May**
5月

☐ **June**
6月

☐ **July**
7月

☐ **August**
8月

☐ **September**
9月

☐ **October**
10月

☐ **November**
11月

☐ **December**
12月

国

☐ **China**

中国

☐ **Brazil**

ブラジル

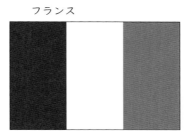

☐ **Australia**

オーストラリア

☐ **Italy**

イタリア

☐ **France**

フランス

☐ **India**

インド

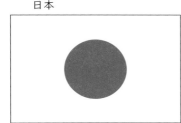

☐ **Egypt**

エジプト

☐ **Japan**

日本

☐ **the USA**

アメリカ

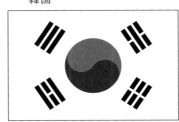
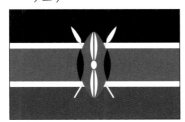

☐ **South Korea**

韓国

☐ **Russia**

ロシア

☐ **Kenya**

ケニア

 職業　　　　　　　　　　　　　　　　　　　　　　　　　　　🎵a04

☐ farmer　農家	☐ florist　花屋さんの店員	☐ teacher　先生　☐ vet　獣医
☐ carpenter　大工	☐ baker　パン職人	☐ bus driver　バスの運転手　☐ doctor　医師
☐ nurse　看護師	☐ police officer　警察官	☐ cook　コック　☐ fire fighter　消防士

学習の目標・
英語の授業で使う表現を学習しましょう。

♪)音声

教室で使う英語

基本のワーク

⭐ 音声を聞いて、言いましょう。

 言えたらチェック □□□　♪ a05

✿ 活動を始める

Are you ready? — Yes.
準備はいいですか。 — はい。

元気に言ってみよう！

✿ 教科書を開く

Open your textbook to page 30.
教科書の 30 ページを開いてください。

✿ 移動する

Come here.
ここに来てください。

✿ ペアやグループをつくる

Make pairs.
ペアをつくってください。

Make groups of four.
4 人グループをつくってください。

✿ 順番を伝える

It's your turn.
あなたの番です。

✿ 活動を終える

Time's up. / Stop.
終わりの時間です。 / やめてください。

⭐ 次のような表現もあります。

□ What's this in English?　これは英語で何と言いますか。
□ A pencil, please. — Here you are.　えんぴつをください。 — はい、どうぞ。
□ How do you spell it?　それはどのようにつづりますか。
□ A hint, please.　ヒントをください。　　□ How about you?　あなたはどうですか。

書いて練習のワーク

⭐ 読みながらなぞって、もう1回書きましょう。

Are you ready?

準備はいいですか。

Yes.

はい。

Come here.

ここに来てください。

Make pairs.

ペアをつくってください。

It's your turn.

あなたの番です。

Time's up.

終わりの時間です。

What's this in English?

これは英語で何と言いますか。

We are from India. ① − 1

基本のワーク

食べ物を表すことばを覚えよう！

⭐ リズムに合わせて、声に出して言いましょう。　✓言えたらチェック □□□　♪a06

☐ **hamburger**
　　　複hamburgers
　ハンバーガー

☐ **sandwich**
　　　複sandwiches
　サンドイッチ

☐ **pizza**
　ピザ

☐ **steak**
　ステーキ

☐ **spaghetti**
　スパゲッティー

☐ **sausage**
　　　複sausages
　ソーセージ

☐ **fish**　　　複fish
　魚

☐ **curry and rice**
　カレーライス

☐ **chicken**
　とり肉

ワードボックス　♪a07

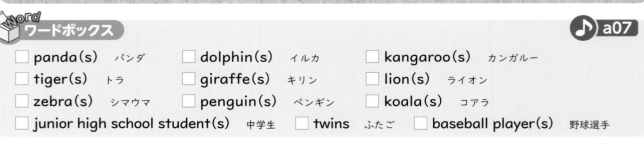

☐ panda(s)　パンダ　　☐ dolphin(s)　イルカ　　☐ kangaroo(s)　カンガルー
☐ tiger(s)　トラ　　☐ giraffe(s)　キリン　　☐ lion(s)　ライオン
☐ zebra(s)　シマウマ　　☐ penguin(s)　ペンギン　　☐ koala(s)　コアラ
☐ junior high school student(s)　中学生　　☐ twins　ふたご　　☐ baseball player(s)　野球選手

複…複数形

書いて練習のワーク

☆ 読みながらなぞって、1〜2回書きましょう。

hamburger

ハンバーガー

sandwich

サンドイッチ

pizza

ピザ

steak

ステーキ

spaghetti

スパゲッティー

sausage

ソーセージ

fish

魚

curry and rice

カレーライス

chicken

とり肉

聞く
話す
読む
書く

 日本食は海外でも広まってきていて、すし (sushi)、すき焼き (sukiyaki)、てんぷら (tempura)、ラーメン (ramen)、うどん (udon)、そば (soba)、やきとり (yakitori) などはそのまま英語になっているよ。

We are from India. ① −2

学習の目標
スポーツや色を英語で言えるようになりましょう。

 音声

基本のワーク

教科書 12〜17 ページ

スポーツを表すことばを覚えよう！

⭐ リズムに合わせて、声に出して言いましょう。　✓ 言えたらチェック □□□　♪ a08

☐ **baseball**

野球

☐ **basketball**

バスケットボール

☐ **dodgeball**

ドッジボール

☐ **soccer**

サッカー

☐ **tennis**

テニス

☐ **badminton**

バドミントン

☐ **volleyball**

バレーボール

☐ **swimming**

水泳

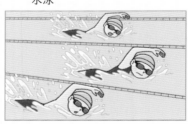

☐ **surfing**

サーフィン

ワードボックス

♪ a09

☐ red 赤　　　☐ blue 青　　　☐ green 緑
☐ orange オレンジ　☐ yellow 黄　☐ purple むらさき

発音コーチ

volleyball の v は下くちびるを上の歯に軽く当て、くちびると歯の間から息を出しながら発音します。日本語の「バ」とはちがう音なので注意しましょう。

書いて練習のワーク

⭐ 読みながらなぞって、1～2回書きましょう。

baseball

野球

basketball

バスケットボール

dodgeball

ドッジボール

soccer

サッカー

tennis

テニス

badminton

バドミントン

volleyball

バレーボール

swimming

水泳

surfing

サーフィン

聞く
話す
読む
書く

　basketball の basket は「かご」という意味だよ。はじめはゴールのかわりに、フルーツを入れるかごが使われていたんだ。

学習の目標・
自分たちの出身地や好きなことなどについて英語で言えるようになりましょう。

We are from India. ① ー3
基本のワーク

♪a10　教科書 12〜15 ページ

① 自分たちのことを紹介するときの言い方

✓言えたらチェック □□□

We are from India.
わたしたちはインド出身です。

We are junior high school students.
わたしたちは中学生です。

✿「わたしたちは〜出身です」は We are from 〜. と言います。

✿「わたしたちは〜です」は We are 〜. と言います。

⏱ 声に出して言ってみよう　□に入ることばを入れかえて言いましょう。

We are from [India]**.** ← ・Australia ・China ・Japan

We are [junior high school students]**.**
↑ ・twins ・baseball players

➕ ちょこっとプラス
We are のあとに数えられる名詞 (ものを表すことば) がくるときは、複数形 (2つ以上のときの形) にします。

② 自分たちが好きなことの言い方

✓言えたらチェック □□□

We like badminton.
わたしたちはバドミントンが好きです。

✿「わたしたちは〜が好きです」は We like 〜. と言います。

⏱ 声に出して言ってみよう　□に入ることばを入れかえて言いましょう。

We like [badminton]**.**
↑ ・tennis ・dodgeball
　・hamburgers ・yellow

💡 思い出そう
「わたしは〜出身です」は I am from 〜.、「わたしは〜が好きです」は I like 〜. と言います。

ステップアップ　We are のあとには状態を表すことばを入れることもできます。
例 We are hungry. (わたしたちはおなかがすいています)

書いて練習のワーク

⭐ 読みながらなぞって、もう1回書きましょう。

We are from India.

わたしたちはインド出身です。

We are from Japan.

わたしたちは日本出身です。

We are junior high school
students.

わたしたちは中学生です。

We like badminton.

聞く
話す
読む
書く

わたしたちはバドミントンが好きです。

 「大好きだ」ということを表したいときは、love［ラヴ］を使って、I love tennis.（わたしはテニスが大好きで
す）のように言うこともできるよ。

19

勉強した日 月 日

できた数 ／8問中

聞いて練習のワーク

教科書 12〜19ページ　答え 1ページ

1 音声を聞いて、絵の内容と合っていれば○、合っていなければ×を（　）に書きましょう。 ♪ t01

(1)

（　　　）

(2)

（　　　）

(3)

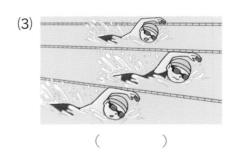

（　　　）

(4)

（　　　）

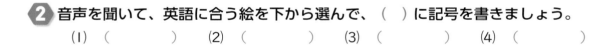

2 音声を聞いて、英語に合う絵を下から選んで、（　）に記号を書きましょう。 ♪ t02

(1) （　　　）　(2) （　　　）　(3) （　　　）　(4) （　　　）

ア

イ

ウ

エ

勉強した日 月 日

得点 /50点

時間 20分

教科書 12〜19ページ 答え 1ページ

1 日本語の意味に合うように、( ) の中から正しいほうを選んで、□で囲みましょう。

1つ5点〔20点〕

(1) わたしたちは中国出身です。

We (are / are from) China.

(2) わたしたちはドッジボールが好きです。

We (like / are) dodgeball.

(3) わたしたちは中学生です。

We (are / is) junior high school students.

(4) わたしたちはむらさきが好きです。

We like (green / purple).

2 次のメモを見て、マイクとリリーの自己紹介の文を完成させましょう。 に当てはまる英語を から選んで書きましょう。

1つ10点〔30点〕

【マイクとリリーの自己紹介メモ】
・オーストラリア出身。　・サッカー選手である。　・サンドイッチが好き。

(1) We are from ＿＿＿＿＿＿.

(2) We are ＿＿＿＿＿＿.

(3) We like ＿＿＿＿＿＿.

soccer players / India / sandwiches / Australia / pizza

21

We are from India. ② － 1

基本のワーク

動作を表すことばを覚えよう！

⭐ リズムに合わせて、声に出して言いましょう。　　✓言えたらチェック □□□　♪a11

☐ **run**

走る

☐ **sing**

歌う

☐ **cook**

料理をする

☐ **swim**

泳ぐ

☐ **play soccer**

サッカーをする

☐ **play the piano**

ピアノを演奏する

☐ **speak English**

英語を話す

Hello.

☐ **dance**

おどる

☐ **ski**

スキーをする

ワードボックス　♪a12

☐ **well** じょうずに　　☐ **fast** 速い（速く）　　☐ **recorder(s)** リコーダー

☐ **guitar(s)** ギター　　☐ **trumpet(s)** トランペット　　☐ **violin(s)** バイオリン

ことば解説

play には「（楽器を）演奏する」、「（スポーツなどを）する」、「遊ぶ」など、さまざまな意味があります。
例 play the guitar （ギターを演奏する）、play video games （テレビゲームをする）

書いて練習のワーク

⭐ 読みながらなぞって、1～3回書きましょう。

run

走る

sing

歌う

cook

料理をする

swim

泳ぐ

play soccer

サッカーをする

play the piano

ピアノを演奏する

speak English

英語を話す

dance

おどる

ski

スキーをする

 英語のトリビア　動作を表すことばの最後に（e）rをつけると、その動作をする人を表すことばになるものがあるよ。
例 sing（歌う）→ singer（歌手）　dance（おどる）→ dancer（ダンサー）　play（［スポーツなどを］する）→ player（選手）

学習の目標
動作や国を英語で言えるようになりましょう。

🔊音声

We are from India. ② ー2

基本のワーク

教科書 16〜17 ページ

動作を表すことばを覚えよう！

⭐ リズムに合わせて、声に出して言いましょう。　✔言えたらチェック □□□　♪a13

☐ **eat**

食べる

☐ **watch**

見る

☐ **see**

見る、見える

☐ **draw**

[線画を] かく

☐ **buy**

買う

☐ **make**

作る

☐ **ride**

乗る

☐ **go shopping**

買い物に行く

☐ **go hiking**

ハイキングに行く

ワードボックス
♪a14

☐ Spain　スペイン　　　☐ Italy　イタリア　　　☐ India　インド
☐ Australia　オーストラリア　　☐ the USA　アメリカ　　☐ Brazil　ブラジル

発音コーチ

shopping、hiking の ng は、舌のおくのほうを上あごにつけて [ング] と鼻から声を出します。強く言わないように注意しましょう。

書いて練習のワーク

☆ 読みながらなぞって、1 〜 3 回書きましょう。

eat

食べる

watch

見る

see

見る、見える

draw

［線画を］かく

buy

買う

make

作る

ride

乗る

go shopping

買い物に行く

go hiking

ハイキングに行く

聞く
話す
読む
書く

「映画を見る」は see movies［a movie］、または watch movies［a movie］と言うよ。ふつう、映画館で見るときは see、家でテレビや DVD などで見るときは watch だよ。

25

We are from India. ② ─3

基本のワーク

学習の目標・
自分たちができることやしたいことを英語で言えるようになりましょう。

🔊音声

♪a15　教科書 16〜19 ページ

1 自分たちができることの言い方

✓言えたらチェック □□□

We can play soccer well.
わたしたちはじょうずにサッカーをすることができます。

🍀「わたしたちは〜することができます」は **We can 〜.** と言います。

🍀「〜」に動作を表すことばを入れます。

⏱声に出して言ってみよう　　□に入ることばを入れかえて言いましょう。

We can play soccer well.

- play the recorder well
- sing well　- run fast

📝表現べんり帳

動作に説明を加えるときは、fast（速く）、well（じょうずに）などの語を、動作を表すことば（run、singなど）のあとに置きます。

2 自分たちがしたいことの言い方

✓言えたらチェック □□□

We want to go to Italy.
わたしたちはイタリアに行きたいです。

We want to eat pizza.
わたしたちはピザを食べたいです。

🍀「わたしたちは〜に行きたいです」は **We want to go to 〜.** と言います。

🍀「わたしたちは〜したいです」は **We want to 〜.** と言います。

⏱声に出して言ってみよう　　□に入ることばを入れかえて言いましょう。

We want to go to Italy.

We want to eat pizza.

- the USA　- Brazil
- Australia

- eat hamburgers
- watch soccer games
- see koalas

🖥くらべよう

want は「ほしい」という意味です。しかし、want のあとに〈to ＋動作を表すことば〉がくると、「〜したい」という願望を表します。

26

ステップアップ　We want to go to のあとに施設を表すことばを続けて、行きたい場所を言うこともできます。
例 We want to go to the park.（わたしたちは公園に行きたいです）

書いて練習のワーク

⭐ 読みながらなぞって、もう1回書きましょう。

We can play soccer well.

わたしたちはじょうずにサッカーをすることができます。

We can run fast.

わたしたちは速く走ることができます。

We want to go to Italy.

わたしたちはイタリアに行きたいです。

We want to eat pizza.

わたしたちはピザを食べたいです。

We want to see koalas.

わたしたちはコアラを見たいです。

聞く 話す 読む 書く

 英語のトビラ 会話では、want to を短くして wanna［ワナ］と言うことがあるよ。書きことばで使うことは少ないよ。
例 I want to go to France. → I wanna go to France.（わたしはフランスに行きたいです）

聞いて練習のワーク

勉強した日 月 日

できた数 /7問中

教科書 16〜19ページ　答え 2ページ

① 音声を聞いて、英語に合う絵を下から選んで、（　）に記号を書きましょう。 ♪ t03

(1) （　　　）　(2) （　　　）　(3) （　　　）　(4) （　　　）

ア

イ

ウ

エ

② 音声を聞いて、次の表に当てはまるものを下から選んで、（　）に記号を書きましょう。 ♪ t04

(1)	できること	（　　）
(2)	行きたい国	（　　）
(3)	(2)でしたいこと	（　　）

ア　スペイン　　　　　　　　イ　ブラジル
ウ　じょうずに歌う　　　　　エ　ハイキングに行く
オ　サッカーの試合を見る　　カ　じょうずに絵をかく

We are from India. ②

得点

/50点

時間 20分

教科書 16〜19 ページ　答え 2 ページ

1 英語の意味を表す日本語を ⬚ から選んで、（　）に書きましょう。　1つ5点〔20点〕

(1) make （　　　　　　　　　）

(2) Australia （　　　　　　　　　）

(3) speak English （　　　　　　　　　）

(4) go shopping （　　　　　　　　　）

> 作る　買う　英語を話す　ピザを食べる
> 買い物に行く　オーストラリア　インド

2 日本語の意味を表す英語の文を ⬚ から選んで、▭ に書きましょう。　1つ10点〔30点〕

(1) わたしたちはバドミントンをすることができます。

(2) わたしたちはアメリカに行きたいです。

(3) わたしたちはハンバーガーを食べたいです。

> We can play badminton.
> We want to eat hamburgers.
> We want to go to the USA.
> We can play the piano.

聞く　話す　読む　書く

29

We have Children's Day in May. ① ー1

基本のワーク

月を表すことばを覚えよう！

⭐ リズムに合わせて、声に出して言いましょう。　✓言えたらチェック □□□　♪a16

□ **January**

1月

□ **February**

2月

□ **March**

3月

□ **April**

4月

□ **May**

5月

□ **June**

6月

□ **July**

7月

□ **August**

8月

□ **September**

9月

□ **October**

10月

□ **November**

11月

□ **December**

12月

書いて練習のワーク

⭐ 読みながらなぞって、1〜2回書きましょう。

January

1月

February

2月

March | April

3月 | 4月

May | June

5月 | 6月

July | August

7月 | 8月

September

9月

October

10月

November

11月

December

12月

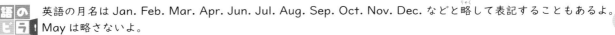
英語の月名は Jan. Feb. Mar. Apr. Jun. Jul. Aug. Sep. Oct. Nov. Dec. などと略して表記することもあるよ。May は略さないよ。

31

We have Children's Day in May. ① ー2

学習の目標・
季節や行事を英語で言えるようになりましょう。

🔊音声

教科書 22〜27 ページ

季節・行事を表すことばを覚えよう！

⭐ リズムに合わせて、声に出して言いましょう。　✔言えたらチェック □□□　♪ a17

☐ spring
春

☐ summer
夏

☐ fall
秋

☐ winter
冬

☐ the Doll Festival
ひな祭り

☐ Children's Day
こどもの日

☐ the Star Festival
七夕

☐ New Year's Eve
おおみそか

☐ New Year's Day
元日

ワードボックス　♪ a18

☐ eat *hina-arare*　ひなあられを食べる
☐ throw beans　豆を投げる
☐ watch fireworks　花火を見る
☐ beautiful　美しい
☐ fun　楽しいこと

☐ eat *ehomaki*　恵方巻きを食べる
☐ make a wish　願いごとをする
☐ enjoy the cherry blossoms　桜の花を楽しむ
☐ exciting　わくわくさせる
☐ delicious　おいしい

書いて練習のワーク

⭐ 読みながらなぞって、1〜3回書きましょう。

spring

春

summer

夏

fall

秋

winter

冬

the Doll Festival

ひな祭り

Children's Day

こどもの日

the Star Festival

七夕

New Year's Eve

おおみそか

New Year's Day

元日

聞く
話す
読む
書く

 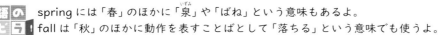 spring には「春」のほかに「泉」や「ばね」という意味もあるよ。
fall は「秋」のほかに動作を表すことばとして「落ちる」という意味でも使うよ。

We have Children's Day in May. ① ー3

基本のワーク

❶ いつ行事があるかの言い方

✓言えたらチェック □□□

We have the Doll Festival in March.
ひな祭りは3月にあります。

✿「（行事）は…月にあります」は **We have 〜 in〈月〉.** と言います。

🔊 声に出して言ってみよう　□ に入ることばを入れかえて言いましょう。

We have the Doll Festival in March.

- the Star Festival ・*hanami*
- New Year's Day

- July ・April ・January

➕ ちょこっとプラス

in のあとに季節を表すことばを入れることもできます。
例 We have the festival in summer.
その祭りは夏にあります。

❷ 行事ですることやその感想

✓言えたらチェック □□□

We eat *hina-arare*. It is delicious.
ひなあられを食べます。おいしいです。

✿行事ですることを言うときは **We〈動作を表すことば〜〉.**（〜します）のように言います。
✿「（それは）〜です」は **It is 〜.**、「（それらは）〜です」は **They are 〜.** と言います。

🔊 声に出して言ってみよう　□に入ることばを入れかえて言いましょう。

We eat *hina-arare*.

- make a wish
- enjoy the cherry blossoms
- eat *osechi*

It is delicious.

- They are

- exciting ・beautiful ・good

➕ ちょこっとプラス

yukata や *hanami* のように日本語をそのまま英語で書き表すときは、ななめの文字にすることがあります。この文字の形をイタリック体と言います。

ステップアップ　we や you は「わたしたちは」や「あなたたちは」という意味以外に、「われわれは」「人々は」と広く一般の人々をさす意味もあります。その場合は日本語に訳さないことが多いです。

書いて練習のワーク

☆ 読みながらなぞって、もう1回書きましょう。

We have the Doll Festival
in March.

ひな祭りは3月にあります。

We eat hina-arare.

ひなあられを食べます。

It is delicious.

おいしいです。

We enjoy the cherry blossoms.

桜の花を楽しみます。

聞く
話す
読む
書く

They are beautiful.

美しいです。

 アメリカではおおみそかの夜はパーティーを開くことが多いよ。午前0時が近づくとカウントダウンをするよ。
1月1日はゆっくり過ごし、2日か3日には学校や仕事が始まるよ。

Lesson 2
聞いて練習のワーク

勉強した日 ▷　　月　　日

できた数

／7問中

教科書 22〜27 ページ　　答え 3 ページ

1 音声を聞いて、英語に合う絵を下から選んで、（　）に記号を書きましょう。　♪ t05

(1) (　　　　)　　(2) (　　　　)　　(3) (　　　　)　　(4) (　　　　)

ア

イ

ウ

エ

2 音声を聞いて、それぞれの行事ですることとその感想を、線で結びましょう。　♪ t06

(1)

・　　　　　　　　　　　・ わくわくさせる

・ おいしい

(2)

・

・ 美しい

(3)

・　　　　　　　　　　　・ 楽しい

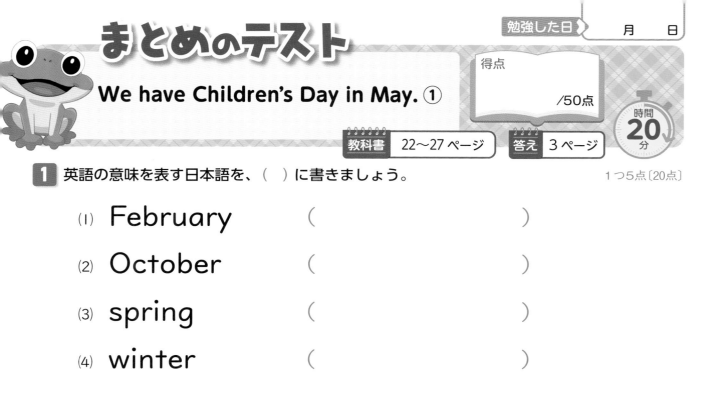

まとめのテスト

We have Children's Day in May. ①

勉強した日 ▶　　月　　日

得点　　　/50点

教科書 22〜27 ページ　答え 3 ページ

時間 20分

1 英語の意味を表す日本語を、（　）に書きましょう。　1つ5点〔20点〕

(1) February　　（　　　　　　　　　）

(2) October　　（　　　　　　　　　）

(3) spring　　（　　　　　　　　　）

(4) winter　　（　　　　　　　　　）

2 日本語の意味になるように、░░░から選んで、───に英語を書きましょう。　1つ10点〔30点〕

(1) 七夕は7月にあります。

We ────────── the Star Festival in July.

(2) [(1)に続けて]　願いごとをします。

We ────────── a wish.

(3) [(2)に続けて]　楽しいです。

It is ────────── .

do / make / have / play / fun / beautiful

聞く　話す　読む　書く

We have Children's Day in May. ② − 1

基本のワーク

学習の目標
施設や建物を英語で言えるようになりましょう。

 音声

教科書 28〜31 ページ

施設を表すことばを覚えよう！

⭐ リズムに合わせて、声に出して言いましょう。　✓言えたらチェック □□□　♪ a20

□ **town**　複 towns
町

□ **park**　複 parks
公園

□ **restaurant**　複 restaurants
レストラン

□ **library**　複 libraries
図書館

□ **convenience store**　複 convenience stores
コンビニエンスストア

□ **post office**　複 post offices
ゆうびんきょく
郵便局

□ **station**　複 stations
駅

□ **stadium**　複 stadiums
スタジアム

□ **swimming pool**　複 swimming pools
プール

 ワードボックス　♪ a21

□ beach(es)　ビーチ　　　　□ lake(s)　湖　　　　□ amusement park(s)　遊園地
□ stationery store(s)　ぶんぼうぐてん 文房具店　　　□ community center(s)　コミュニティーセンター

ことば解説

convenience store（コンビニエンスストア）の convenience は「便利なこと、便利なもの」という意味です。

複…複数形

書いて練習のワーク

⭐ 読みながらなぞって、1〜2回書きましょう。

town

町

park

公園

restaurant

レストラン

library

図書館

convenience store

コンビニエンスストア

post office

郵便局

station

駅

stadium

スタジアム

swimming pool

プール

聞く
話す
読む
書く

「デパート」は英語で department store［ディパートゥメント ストー（ア）］と言うよ。

We have Children's Day in May. ② ー2

基本のワーク

♪a22　教科書 28〜29 ページ

1　町にある施設の言い方

✔言えたらチェック ☐☐☐

We have a nice park in our town.
わたしたちの町にはすてきな公園があります。

✿町にある施設を言うときは We have 〜 in our town.（わたしたちの町には〜があります）と言います。

🕐 **声に出して言ってみよう**　☐に入ることばを入れかえて言いましょう。

We have a ｜nice park｜ **in our town.**

↑
・station　・post office　・convenience store

＋ちょこっとプラス

nice は nice bag の ように、ものを表すことばの前に置いて「すてきな、よい」という意味を表します。

2　町にない施設の言い方

✔言えたらチェック ☐☐☐

We don't have a soccer stadium.
サッカースタジアムはありません。

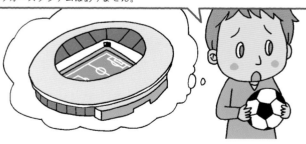

✿町にない施設を言うときは We don't have 〜.（〜がありません）と言います。

🕐 **声に出して言ってみよう**　☐に入ることばを入れかえて言いましょう。

We don't have a ｜soccer stadium｜.

↑
・restaurant　・library　・swimming pool

✏️表現べんり帳

町を紹介する表現
・Welcome to 〜.
「〜へようこそ」
・Please come [カム]！
「来てください！」

 町にない施設を言ったあとに町にある施設を言うときは、「しかし、でも」という意味の but [バット] を使って、But we have 〜.（でも〜はあります）のように言うことができます。

書いて練習のワーク

⭐ 読みながらなぞって、もう1回書きましょう。

We have a nice park in our town.

わたしたちの町にはすてきな公園があります。

We have a station in our town.

わたしたちの町には駅があります。

We don't have a soccer stadium.

サッカースタジアムはありません。

We don't have a restaurant.

レストランはありません。

We don't have a library.

図書館はありません。

 アメリカでは、野球場のことを ballpark と言うことがあるよ。

聞いて練習のワーク

できた数

/8問中

🔊音声

教科書 28〜31 ページ 　答え 4 ページ

1 音声を聞いて、英語に合う絵を下から選んで、（　）に記号を書きましょう。　♪ t07

(1) （　　　　）　　(2) （　　　　）　　(3) （　　　　）　　(4) （　　　　）

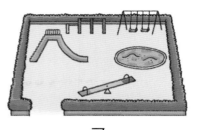

ア

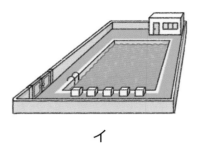

イ

ウ　　　　　　　　　　　　　　　　　エ

2 音声を聞いて、絵の内容と合っていれば○、合っていなければ×を（　）に書きましょう。

(1) （　　　　）　　(2) （　　　　）　　(3) （　　　　）　　(4) （　　　　）　　♪ t08

hospital

post office

station

school

まとめのテスト

We have Children's Day in May. ②

得点 /50点

時間 20分

教科書 28〜31 ページ　答え 4 ページ

1 日本語の意味を表す英語を ⬚ から選んで、 ⬚ に書きましょう。　1つ8点〔40点〕

(1) 遊園地

(2) 駅

(3) 町

(4) ビーチ

(5) スタジアム

> town / post office / beach
> amusement park / stadium / station

2 日本語の意味に合うように、( )の中から正しいほうを選んで、⬚で囲みましょう。
(1) わたしたちの町には文房具店があります。　1つ5点〔10点〕

We (have / don't have) a stationery store in our town.

(2) 湖はありません。

We (have / don't have) a lake.

聞く
話す
読む
書く

43

ABC Fun Box 1

プラスワーク

1 次のスケジュール表を見て、Kenが行く場所を順番に線でつなぎましょう。

Ken

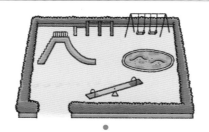

スケジュール表
park → library → post office → home

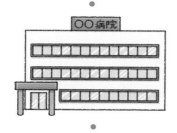

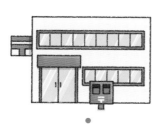

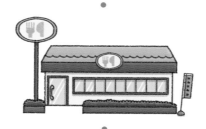

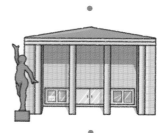

場所を表す単語を覚えよう！

2 □に当てはまる文字を右の2つの中から選んで、▭ に書きましょう。

(1) ネコ

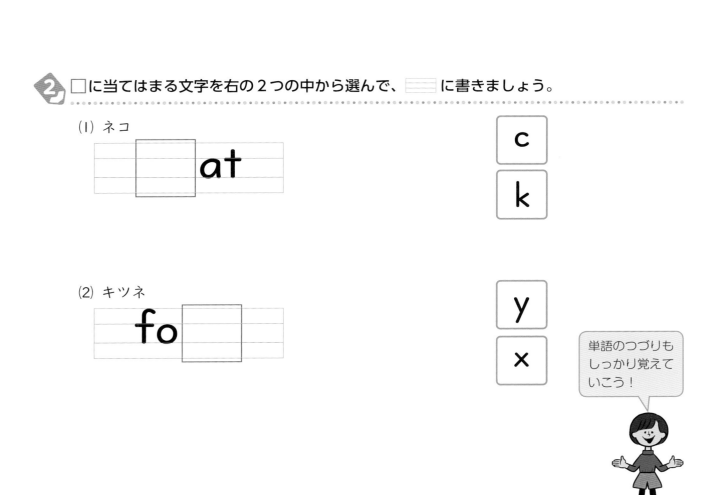

[ ]at

c
k

(2) キツネ

fo[ ]

y
x

単語のつづりも
しっかり覚えて
いこう！

3 絵に合う単語を ▭ から選んで、▭ に書きましょう。

(1)

6

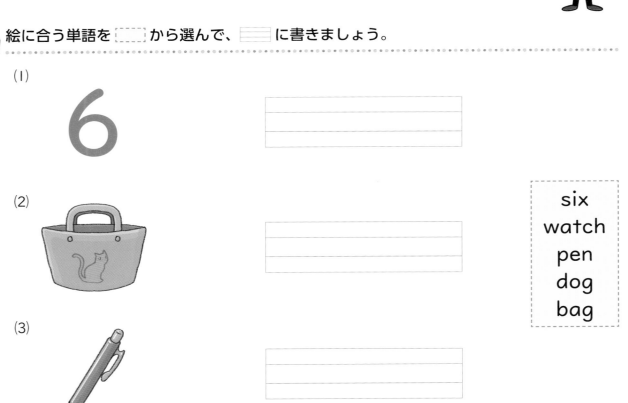

(2)

(3)

six
watch
pen
dog
bag

道案内

プラスワーク

 音声

教科書 36〜37 ページ

⭐ 道案内で使う英語を学習しましょう。

❶ 施設や場所を表すことば

 ♪ a23

school
学校

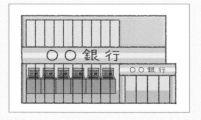

bank
銀行

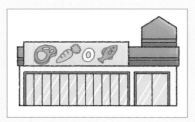

supermarket
スーパーマーケット

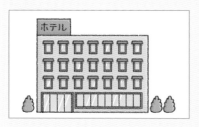

hotel
ホテル

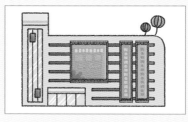

department store
デパート

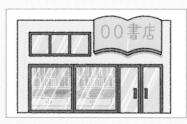

bookstore
書店

station
駅

gas station
ガソリンスタンド

flower shop
生花店

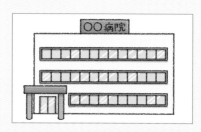

hospital
病院

parking lot
駐車場

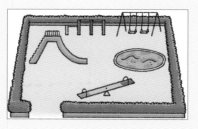

park
公園

fire station
消防署

police station
警察署

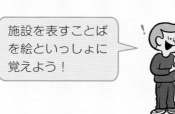

施設を表すことば
を絵といっしょに
覚えよう！

⭐ 読みながらなぞって、1〜2回書きましょう。

school

bank

学校

銀行

supermarket

スーパーマーケット

hotel

ホテル

bookstore

書店

station

駅

flower shop

生花店

hospital

病院

police station

警察署

聞く
話す
読む
書く

47

リーディング レッスン

教科書　38 ページ　　答え　5 ページ

⭐ 次の英語の文章を 3 回読みましょう。　　✅ 言えたらチェック ☐☐☐

ケン　　パム

 I want to go to the past.

 Good idea.　Spin the globe.

We can go to the past.　1, 2, 3!

 Look!

 I can see so many dinosaurs!

past：過去　　Good idea.：よい考えですね。　　spin：くるくるまわす　　globe：地球儀
so：とても　　many：多くの　　dinosaur（s）：きょうりゅう

48

文章の内容について、次の質問に答えましょう。

(1) ケンはどこに行きたいと言っていますか。英語1語で ⬚ に書きましょう。

the

(2) パムはケンに何をするように言いましたか。下から選んで（　）に記号を書きましょう。

ア　地図を見る
イ　地球儀を指さす
ウ　地球儀をまわす

（　　　　　）

(3) ケンは到着した場所で何を見ましたか。（　）に日本語を書きましょう。
とても多くの（　　　　　　　　　　）

☆ 英文をなぞって書きましょう。

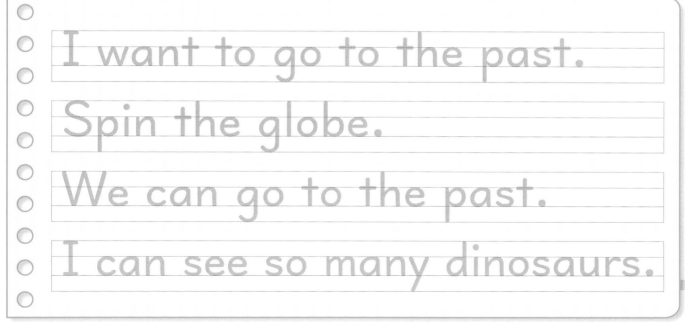

I want to go to the past.

Spin the globe.

We can go to the past.

I can see so many dinosaurs.

49

I went to the beach. ① ― 1

基本のワーク

夏休みに行った場所に関することばを覚えよう！

● リズムに合わせて、声に出して言いましょう。   ✓言えたらチェック □□□   ♪a24

□ **zoo** 複zoos
動物園

□ **shopping center** 複shopping centers
ショッピングセンター

□ **movie theater** 複movie theaters
映画館

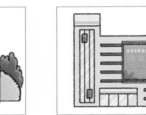 

□ **grandmother's house**
おばあさんの家

□ **beach** 複beaches
ビーチ

□ **stadium** 複stadiums
スタジアム

□ **park** 複parks
公園

□ **castle** 複castles
城

□ **sea**
海

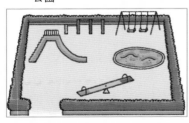  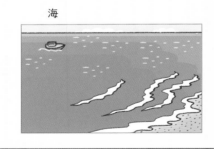

ワードボックス   ♪a25

□ Australia オーストラリア   □ Hawaii ハワイ   □ swimming pool(s) プール
□ kangaroo(s) カンガルー   □ koala(s) コアラ   □ panda(s) パンダ   □ whale(s) クジラ

😊 発音コーチ

koala、kangaroo は ▼ の印がついているところを強く読みます。日本語の「コアラ」や「カンガルー」とはちがう発音なので、音声をよく聞いてまねて言いましょう。

複…複数形

書いて練習のワーク

⭐ 読みながらなぞって、1〜2回書きましょう。

zoo

動物園

shopping center

ショッピングセンター

movie theater

映画館

grandmother's house

おばあさんの家

beach

ビーチ

stadium

スタジアム

park

公園

castle

城

sea

海

聞く
話す
読む
書く

イギリスでは「映画館」を cinema［スィネマ］と言うよ。

I went to the beach. ① － 2

基本のワーク

勉強した日 ▶ 月 日

学習の目標・
行った場所や見たもの
を英語で言えるように
なりましょう。

音声

♪ a26　教科書　42〜47 ページ

① 行った場所の言い方

☑ 言えたらチェック ▢▢▢

I went to the zoo.
わたしは動物園へ行きました。

✿「わたしは〜へ行きました」は I went to 〜. と言います。「〜」に行った場所を入れます。

🕐 声に出して言ってみよう　▢に入ることばを入れかえて言いましょう。

I went to |the zoo|.
　↑
・ the beach　・ Hyogo　・ Australia

📝 表現べんり帳
「あなたはどこに行きましたか」とたずねるときは Where did you go? と言います。

② 見たものの言い方

☑ 言えたらチェック ▢▢▢

I saw kangaroos.
わたしはカンガルーを見ました。

✿「わたしは〜を見ました」は I saw 〜. と言います。

🕐 声に出して言ってみよう　▢に入ることばを入れかえて言いましょう。

I saw |kangaroos|.
　↑
・ a whale　・ Himeji Castle　・ koalas

💡 思い出そう
見たものが1つのときは、ものを表すことばの前に a[an] をつけます。2つ以上のときは、a[an] はつけず、ものを表すことばを複数形にします。

ステップアップ　「あなたは〜しましたか」は did［ディド］を使って、Did you 〜? と言います。
例 Did you see koalas?（あなたはコアラを見ましたか）

書いて練習のワーク

⭐ 読みながらなぞって、もう1回書きましょう。

I went to the zoo.

わたしは動物園へ行きました。

I went to the beach.

わたしはビーチへ行きました。

I went to Australia.

わたしはオーストラリアへ行きました。

I saw kangaroos.

わたしはカンガルーを見ました。

I saw a whale.

わたしはクジラを見ました。

🎧 聞く
🎤 話す
📖 読む
✏️ 書く

I saw koalas.

わたしはコアラを見ました。

英語の トビラ 過去のことを言うときは、動作を表すことばの形を変えて使うよ。
・go（行く）→ went（行った）　・see（見る）→ saw（見た）　・eat（食べる）→ ate［エイト］（食べた）

聞いて練習のワーク

 ◀ 音声

教科書 42～47 ページ 　答え 6 ページ

1 音声を聞いて、英語に合う絵を下から選んで、（ ）に記号を書きましょう。　♪ t09

(1) （ 　　 ）　　(2) （ 　　 ）　　(3) （ 　　 ）　　(4) （ 　　 ）

ア

イ

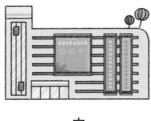

ウ

エ

2 音声を聞いて、それぞれの人物が行った場所と見たものを、下から選んで、（ ）に記号を書きましょう。　♪ t10

	行った場所	見たもの
(1)	（ 　　 ）	（ 　　 ）
(2)	（ 　　 ）	（ 　　 ）
(3)	（ 　　 ）	（ 　　 ）

ア 動物園　　　　イ 姫路城（ひめじじょう）　　ウ 兵庫県　　エ オーストラリア

オ カンガルー　　カ コアラ　　キ パンダ　　ク ビーチ

まとめのテスト

I went to the beach. ①

得点

/50点

時間 20分

教科書 42〜47 ページ　答え 6 ページ

1 日本語の意味を表す英語を ⌂ から選んで、▭ に書きましょう。　1つ6点〔30点〕

(1) ハワイ

(2) 動物園

(3) クジラ

(4) 海

(5) 公園

park / kangaroo / whale / Hyogo / Hawaii / zoo / sea

2 日本語の意味を表す英語の文を ⌂ から選んで、▭ に書きましょう。　1つ10点〔20点〕

(1) わたしはビーチへ行きました。

(2) わたしはコアラを見ました。

I saw the stadium. / I saw koalas.
I went to the beach.
I went to the swimming pool.

I went to the beach. ② ー1

基本のワーク

学習の目標
夏休みに楽しんだこと
を英語で言えるように
なりましょう。

🔊音声

教科書 48〜51ページ

夏休みに楽しんだことに関することばを覚えよう！

⭐ リズムに合わせて、声に出して言いましょう。　✓言えたらチェック □□□　♪a27

☐ **camping**
キャンプ

☐ **fishing**
魚つり

☐ **hiking**
ハイキング

☐ **shopping**
買い物

☐ **jogging**
ジョギング

☐ **cooking**
料理をすること

☐ **playing cards**
トランプをすること

☐ **reading books**
本を読むこと

☐ **watching TV**
テレビを見ること

ワードボックス　♪a28

☐ ice cream　アイスクリーム
☐ cake(s)　ケーキ
☐ curry and rice　カレーライス
☐ exciting　わくわくさせる

☐ shaved ice　かき氷
☐ spaghetti　スパゲッティー
☐ big　大きい
☐ great　すばらしい

☐ hamburger(s)　ハンバーガー
☐ pizza　ピザ
☐ beautiful　美しい
☐ fun　楽しいこと

書いて練習のワーク

⭐ 読みながらなぞって、1〜2回書きましょう。

camping

キャンプ

fishing

魚つり

hiking

ハイキング

shopping

買い物

jogging

ジョギング

cooking

料理をすること

playing cards

トランプをすること

reading books

本を読むこと

watching TV

テレビを見ること

I went to the beach. ② ー2

基本のワーク

♪ a29　教科書　48〜51 ページ

① 楽しんだことの言い方

✓ 言えたらチェック ☐☐☐

I enjoyed camping.
わたしはキャンプを楽しみました。

✿「わたしは〜を楽しみました」は **I enjoyed 〜.** と言います。「〜」に動作を表すことばを入れるときは、最後に **ing** がついた形にします。

声に出して言ってみよう　☐に入ることばを入れかえて言いましょう。

I enjoyed camping **.**
↑
・ fishing　・ shopping　・ hiking

表現べんり帳
「〜を楽しんだ」の言い方
・enjoyed the trip
（旅行を楽しんだ）
・enjoyed the party
（パーティーを楽しんだ）

② 食べたものの言い方

✓ 言えたらチェック ☐☐☐

I ate curry and rice.
わたしはカレーライスを食べました。

✿「わたしは〜を食べました」は **I ate 〜.** と言います。

声に出して言ってみよう　☐に入ることばを入れかえて言いましょう。

I ate curry and rice **.**
↑
・ spaghetti　・ ice cream　・ hamburgers

表現べんり帳
夏休みについてたずねる表現①
・What did you do this summer?
あなたはこの夏に何をしましたか。

ステップアップ　過去の動作を表すときは、動作を表すことばの最後に ed をつけることが多いです。
例 enjoy（楽しむ）→ enjoyed（楽しんだ）　cook（料理をする）→ cooked［クックト］（料理をした）

書いて練習のワーク

☆ 読みながらなぞって、もう1回書きましょう。

I enjoyed camping.

わたしはキャンプを楽しみました。

I enjoyed fishing.

わたしは魚つりを楽しみました。

I enjoyed shopping.

わたしは買い物を楽しみました。

I ate curry and rice.

わたしはカレーライスを食べました。

I ate spaghetti.

聞く
話す
読む
書く

わたしはスパゲッティーを食べました。

勉強した日 ▶ 月 日

学習の目標・
英語で感想をたずねた
り、伝えたりできるよ
うになりましょう。

🔊 音声

I went to the beach. ② ー3

基本のワーク

♪ a30 教科書 48〜51 ページ

1 感想のたずね方

☑言えたらチェック ▢▢▢

How was it?
どうでしたか。

✿「（それは）どうでしたか」は How was it? と言います。

🎧 声に出して言ってみよう　次の英語を言いましょう。

たずね方 How was it?

📝 表現べんり帳
夏休みについてたずねる
表現②
・How was your
summer vacation
［ヴェイケイション］？
（あなたの）夏休みは
どうでしたか。

2 感想の答え方

☑言えたらチェック ▢▢▢

It was delicious.
おいしかったです。

✿「（それは）〜でした」は It was 〜. と言います。
✿「〜」の部分には、感想を表すことばが入ります。

🎧 声に出して言ってみよう　▢に入ることばを入れかえて言いましょう。

答え方 It was delicious .

・great ・big ・fun

⚖ くらべよう
現在のことを言うときは
is、過去のことを言うと
きは was を使います。
例・It is fun.
　楽しいです。
・It was fun.
　楽しかったです。

how は、How about you?［ハウ アバウト ユー］の形で相手に意見や感想をたずねるときにも使います。
例 I have two dogs. How about you?（わたしはイヌを 2 ひき飼っています。あなたはどうですか）

書いて練習のワーク

⭐ 読みながらなぞって、もう1〜3回書きましょう。

How was it?

どうでしたか。

It was delicious.

おいしかったです。

It was great.

すばらしかったです。

It was big.

大きかったです。

It was fun.

楽しかったです。

 great には「いだいな」「重要な」という意味もあるよ。中国にある「万里の長城」は the Great Wall と言うよ。

聞いて練習のワーク

教科書　48～51 ページ　　答え　7 ページ

1 音声を聞いて、絵の内容と合っていれば○、合っていなければ×を（　）に書きましょう。

♪ t11

(1)

（　　　　　）

(2)

（　　　　　）

(3)

（　　　　　）

(4)

（　　　　　）

2 音声を聞いて、夏休みにしたことについて当てはまるものを □ から選んで、（　）に書きましょう。

♪ t12

	テーマ	答 え
(1)	楽しんだこと	（　　　　　　　　　　　　　）
(2)	食べたもの	（　　　　　　　　　　　　　）
(3)	感想	（　　　　　　　　　　　　　）

スパゲッティー　魚つり　おいしかった
楽しかった　ケーキ　買い物

まとめのテスト

I went to the beach. ②

得点

/50点

時間 **20** 分

教科書　48〜51 ページ　　答え　7 ページ

1 英語の意味を表す日本語を、（　）に書きましょう。　　　　　1つ6点〔30点〕

(1) **curry and rice** （　　　　　　　　　　）

(2) **jogging** （　　　　　　　　　　）

(3) **hamburger** （　　　　　　　　　　）

(4) **cooking** （　　　　　　　　　　）

(5) **big** （　　　　　　　　　　）

2 日本語の意味を表す英語の文を　から選んで、　に書きましょう。　　　　1つ5点〔20点〕

(1) わたしはかき氷を食べました。

(2) わたしはキャンプを楽しみました。

(3) どうでしたか。

(4) 〔(3)に答えて〕　すばらしかったです。

It was great. / I enjoyed camping.
How was it? / I ate shaved ice.

聞く　話す　読む　書く

63

ABC Fun Box ②

プラスワーク

教科書 52〜53 ページ　　答え 8 ページ

1 の単語を仲間ごとにグループ分けします。絵をヒントに から単語を選んで、 に書きましょう。

fruits

fruits（果物）やsports（スポーツ）など、単語の仲間を表すことばも覚えよう！

(1)

(2)

(3)

sports

(4)

(5)

(6)

tennis / lemon / soccer / apple / banana / swimming

2 絵に合うように 📦 の中の単語をならべかえて、 ▭ に文を書きましょう。

例

I like baseball.

like　I　baseball

(1)

play　I　the guitar

(2)

study　We　English

(3)

eat　I　spaghetti

例の単語の順番を参考にして、文を組み立ててみよう！

It was green. ― 1

基本のワーク

学習の目標
文房具など身の回りのものを英語で言えるようになりましょう。

 音声

教科書　54〜61 ページ

身の回りのものを表すことばを覚えよう！

⭐ リズムに合わせて、声に出して言いましょう。　✔ 言えたらチェック □□□　♪ a31

☐ **pencil**　複 pencils
えんぴつ

☐ **pencil case**　複 pencil cases
筆箱

☐ **eraser**　複 erasers
消しゴム

☐ **ball**　複 balls
ボール

☐ **dictionary**　複 dictionaries
辞書

☐ **bag**　複 bags
かばん

☐ **book**　複 books
本

☐ **wood**
木材

☐ **paper**
紙

 ワードボックス　　　　　　　　　　　　　　　　　　　　♪ a32

☐ chick(s)　ヒヨコ　　☐ chicken(s)　ニワトリ　　☐ tadpole(s)　オタマジャクシ　　☐ frog(s)　カエル

☐ pig(s)　ブタ　　☐ horse(s)　ウマ　　☐ cat(s)　ネコ　　☐ panda(s)　パンダ

😊 発音コーチ

bag の a は、「エ」の口の形からあごを下げて、長めに「ア」と言います。apple、ant の a も同じように発音します。音声をよく聞いて、まねて言いましょう。

複…複数形

  英語カード 15 〜 26

書いて練習のワーク

⭐ 読みながらなぞって、1〜3回書きましょう。

pencil

えんぴつ

pencil case

筆箱

eraser

消しゴム

ball

ボール

dictionary

辞書

bag

かばん

book

本

wood

木材

 聞く
 話す
読む
書く

paper

紙

 「色えんぴつ」は colored［カラァド］pencil、「絵の具」は paints［ペインツ］、「筆」は brush［ブラシ］と言うよ。

勉強した日 〉 　月　　日

学習の目標
様子や状態を表す英語を言えるようになりましょう。

🔊 音声

It was green. ─ 2

基本のワーク

教科書 54〜61 ページ

様子や状態を表すことばを覚えよう！

⭐ リズムに合わせて、声に出して言いましょう。　　✅言えたらチェック ☐☐☐　♪ a33

☐ **big**

大きい

☐ **small**

小さい、せまい

☐ **long**

長い

☐ **short**

短い、背が低い

☐ **tall**

［高さが］高い、背が高い

☐ **new**

新しい

☐ **old**

古い

☐ **hot**

暑い、熱い

☐ **cold**

寒い、冷たい

ワードボックス　　♪ a34

☐ yellow　黄　　　　☐ green　緑　　　　☐ sunny　晴れている
☐ cloudy　くもっている　☐ large　大きい　　☐ beautiful　美しい

😊 発音コーチ

hot の o は、口を縦に大きく開いて、のどのおくから「ア」と発音します。指が2本入るくらいに口を開きましょう。

書いて練習のワーク

⭐ 読みながらなぞって、1〜3回書きましょう。

big

大きい

small

小さい、せまい

long

長い

short

短い、背が低い

tall

[高さが]高い、背が高い

new

新しい

old

古い

hot

暑い、熱い

聞く
話す
読む
書く

cold

寒い、冷たい

英語のトビラ　「高い」を表すことばには、high もあるよ。人の背の高さには使わないよ。
例 a high mountain（高い山）

It was green. ― 3

基本のワーク

学習の目標
現在と過去の状態について英語で伝えられるようになりましょう。

🔊音声

♪ a35　教科書　56〜61 ページ

---

❶ 現在の状態の言い方

✔言えたらチェック □□□

> **It is yellow.**
> それは黄色です。

♣「（それは）〜です」は It is 〜. と言います。

🔊 声に出して言ってみよう　　□に入ることばを入れかえて言いましょう。

It is yellow **.**
↑
・big ・cold ・cloudy

➕ちょこっとプラス
意味が反対になることば
・big（大きい）
　⇔ small（小さい）
・tall（背が高い）
　⇔ short（背が低い）
　　　　　　など

---

❷ 過去の状態の言い方

✔言えたらチェック □□□

> **It was green.**
> それは緑色でした。

♣「（それは）〜でした」は It was 〜. と言います。

🔊 声に出して言ってみよう　　□に入ることばを入れかえて言いましょう。

It was green **.**
↑
・small ・hot ・sunny

🔧くらべよう
現在の状態について言うときは is、過去の状態について言うときは was を使います。使い分けに注意しましょう。

ステップアップ　天候を表すことばを続けるときは、It を「それは」とは訳しません。
例・It is sunny.（晴れです）・It was cloudy.（くもりでした）

書いて練習のワーク

☆ 読みながらなぞって、もう１回書きましょう。

It is yellow.

それは黄色です。

It is big.

それは大きいです。

It is cold.

それは冷たいです。

It is cloudy.

くもりです。

It was green.

それは緑色でした。

It was small.

それは小さかったです。

It was hot.

それは熱かったです。

It was sunny.

晴れでした。

聞く
話す
読む
書く

信号機の「青信号」は、英語では green light［ライト］（緑の信号）と言うよ。

It was green. ― 4

基本のワーク

自然や施設を表すことばを覚えよう！

リズムに合わせて、声に出して言いましょう。　✓言えたらチェック □□□　♪a36

☐ **mountain** 複mountains
山

☐ **river** 複rivers
川

☐ **lake** 複lakes
湖

☐ **museum** 複museums
博物館、美術館

☐ **hospital** 複hospitals
病院
〇〇病院

☐ **coffee shop** 複coffee shops
喫茶店

☐ **bookstore** 複bookstores
書店
〇〇書店

☐ **music room** 複music rooms
音楽室

☐ **computer room** 複computer rooms
コンピューター室

ワードボックス　♪a37

☐ rice field(s) 水田　　☐ restaurant(s) レストラン　　☐ pond(s) 池
☐ sky 空　　☐ truck(s) トラック　　☐ park(s) 公園

ことば解説

基本的に大きくて深いものを lake、小さくて浅いものを pond と言います。

複…複数形

書いて練習のワーク

☆ 読みながらなぞって、1〜2回書きましょう。

mountain

山

river

川

lake

湖

museum

博物館、美術館

hospital

病院

coffee shop

喫茶店

bookstore

書店

music room

音楽室

computer room

コンピューター室

 聞く
話す
読む
書く

 大きな総合病院は hospital、かぜにかかったときや軽いけがをしたときなどに行く診療所は clinic［クリニク］と言うよ。

学習の目標・
現在のものと過去のものを英語で言えるようになりましょう。

音声

It was green. ─5
基本のワーク

♪a38　教科書　58～61ページ

**Look at that building.
It is a restaurant.**
あの建物を見て。それはレストランです。

✿「あの建物を見なさい」は **Look at that building.** と言います。

✿ **It is 〜.**「それは〜です」の「〜」にものを表すことばを入れることもできます。

🔊 **声に出して言ってみよう**　□に入ることばを入れかえて言いましょう。

Look at that building.

It is a restaurant.　← • bookstore • museum

➕ちょこっとプラス
「それは〜ですか」とたずねるときは、Is it 〜？と言います。
例 **Is it your pen?**（それはあなたのペンですか）

**It was a coffee shop.
It was good.**
それは喫茶店でした。それは良かったです。

✿「それは〜でした」は **It was 〜.** と言います。

✿「〜」にはものを表すことばや状態を表すことばを入れます。

🔊 **声に出して言ってみよう**　□に入ることばを入れかえて言いましょう。

It was a coffee shop.　← • rice field • bookstore

It was good.　← • beautiful • famous

📒表現べんり帳
「(それは)とても楽しかった」の言い方
・It was a lot of fun.
・I had a very good time.
・I really enjoyed it.

ステップアップ　１つ、２つなどと数えられるものが１つの場合には、前に a または an をつけます。人名、国名、教科、スポーツなど数えられないものには a や an はつけません。

書いて練習のワーク

⭐ 読みながらなぞって、もう1回書きましょう。

Look at that building.

あの建物を見て。

It is a restaurant.

それはレストランです。

It is a bookstore.

それは書店です。

It was a coffee shop.

それは喫茶店でした。

It was good.

それは良かったです。

聞いて練習のワーク

教科書 54〜61 ページ 答え 8 ページ

1 音声を聞いて、絵の内容と合っていれば○、合っていなければ×を（ ）に書きましょう。

♪ t13

(1)

（　　　　　）

(2)
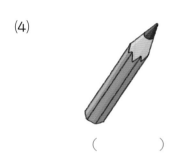
（　　　　　）

(3)

（　　　　　）

(4)

（　　　　　）

2 音声を聞いて、それぞれのことがらについて現在の状態と過去の状態を下から選んで、（ ）に記号を書きましょう。

♪ t14

		現在の状態	過去の状態
(1)	飼いイヌ	（　　）	（　　）
(2)	気温	（　　）	（　　）
(3)	天気	（　　）	（　　）

　　ア 暑い　　　　　イ 寒い　　ウ 大きい　　エ 小さい

　　オ 晴れている　　カ くもっている

まとめのテスト

It was green.

得点

/50点

時間 **20** 分

教科書 54〜61 ページ 答え 9 ページ

1 英語の意味を表す日本語を ┈ から選んで、（ ）に書きましょう。　　1つ5点〔20点〕

(1) eraser （　　　　　　　　　　　　）

(2) hot （　　　　　　　　　　　　）

(3) long （　　　　　　　　　　　　）

(4) sky （　　　　　　　　　　　　）

> 背_せが高い　暑い　寒い　長い
> 辞書　空　紙　消しゴム

2 日本語の意味を表す英語の文を ┈ から選んで、━ に書きましょう。　　1つ10点〔30点〕

(1) あの建物を見て。

（解答欄）

(2) それは黄色です。

（解答欄）

(3) ［(2)に続けて］ それは緑色でした。

（解答欄）

> It is yellow. / It was a restaurant.
> It is short. / It was green.
> Look at that building.

聞く
話す
読む
書く

77

We had the sports day in October. ― 1

基本のワーク

学校行事を表すことばを覚えよう！

リズムに合わせて、声に出して言いましょう。　✓言えたらチェック □□□　♪a39

☐ **school trip**
複 school trips
しゅうがくりょこう
修学旅行

☐ **swim meet**
複 swim meets
水泳大会
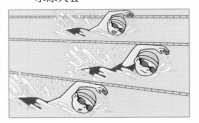

☐ **field trip**
複 field trips
遠足、社会科見学

☐ **sports day**
複 sports days
運動会

☐ **marathon**
複 marathons
マラソン大会

☐ **volunteer day**
複 volunteer days
ボランティアの日

☐ **chorus contest**
複 chorus contests
合唱コンテスト

☐ **music festival**
複 music festivals
音楽会

☐ **drama festival**
複 drama festivals
学芸会

☐ **entrance ceremony**
複 entrance ceremonies
入学式

☐ **graduation ceremony**
複 graduation ceremonies
卒業式

複…複数形

書いて練習のワーク

⭐ **読みながらなぞって、書きましょう。**

school trip

修学旅行

swim meet

水泳大会

field trip

遠足、社会科見学

sports day

運動会

marathon

マラソン大会

volunteer day

ボランティアの日

chorus contest

合唱コンテスト

music festival

音楽会

drama festival

学芸会

entrance ceremony

入学式

graduation ceremony

卒業式

聞く
話す
読む
書く

 英語の トビラ 「運動会」（sports day）はアメリカでは field day と言うよ。「二人三脚」は three-legged race［スリー レッグ ド レイス］、「つな引き」は tug-of-war［タグ アヴ ウォー（ア）］と言うよ。

勉強した日　月　日

 音声

We had the sports day in October. — 2

基本のワーク

教科書　66〜71ページ

過去にした動作を表すことばを覚えよう！

リズムに合わせて、声に出して言いましょう。　言えたらチェック □□□　♪a40

☐ **went**
行った

☐ **saw**
見た、見えた

☐ **enjoyed**
楽しんだ

☐ **cleaned**
そうじをした

☐ **ate**
食べた

☐ **climbed**
登った

☐ **had**
あった、持っていた

☐ **played**
演奏した、[スポーツなどを]した

☐ **sang**
歌った

ワードボックス　♪a41

☐ mountain(s)　山
☐ temple(s)　寺
☐ curry and rice　カレーライス
☐ capybara(s)　カピバラ
☐ cute　かわいい

☐ beach(es)　ビーチ
☐ castle(s)　城
☐ ice cream　アイスクリーム
☐ great　すばらしい
☐ interesting　おもしろい（興味深い）

☐ farm(s)　農場
☐ song(s)　歌
☐ panda(s)　パンダ
☐ fun　楽しいこと
☐ exciting　わくわくさせる

複…複数形

書いて練習のワーク

⭐ 読みながらなぞって、2回書きましょう。

went

行った

saw

見た、見えた

enjoyed

楽しんだ

cleaned

そうじをした

ate

食べた

climbed

登った

had

あった、持っていた

played

演奏した、[スポーツなどを]した

sang

歌った

 saw には「見た、見えた」という意味以外に「（人に）会った」という意味もあるよ。see も「見る、見える」と「会う」の両方の意味があるよ。

81

学習の目標
いちばんの思い出を英語で言えるようになりましょう。

音声

We had the sports day in October. ― 3

基本のワーク

♪a42　教科書　70〜73 ページ

❶ いちばんの思い出のたずね方

✓言えたらチェック □□□

What is your best memory?
あなたのいちばんの思い出は何ですか。

✿「あなた（たち）のいちばんの思い出は何ですか」は What is your best memory? と言います。

🔊 声に出して言ってみよう　次の英語を言いましょう。

たずね方 **What is your best memory?**

📝 表現べんり帳
your は「あなた（たち）の」、my は「わたしの」という意味です。

❷ いちばんの思い出の答え方

✓言えたらチェック □□□

My best memory is the field trip.
わたしのいちばんの思い出は社会科見学です。

✿「わたしのいちばんの思い出は〜です」は My best memory is 〜. と言います。
✿「〜」には学校行事を表すことばを入れます。

🔊 声に出して言ってみよう　□に入ることばを入れかえて言いましょう。

答え方 **My best memory is the** field trip **.**
　　・swim meet　・volunteer day
　　・music festival

📝 表現べんり帳
行事があった月を加えて思い出を言うこともできます。
例 My best memory is the field trip in May.
（わたしのいちばんの思い出は5月の遠足です）

ステップアップ　the（その）はすでに話に出てきているものや、話している人がおたがいに知っているものを言うときなどに使います。ふつうは日本語に訳しません。

書いて練習のワーク

⭐ 読みながらなぞって、もう1回書きましょう。

What is your best memory?

あなたのいちばんの思い出は何ですか。

My best memory is the field trip.

わたしのいちばんの思い出は社会科見学です。

My best memory is the swim meet.

わたしのいちばんの思い出は水泳大会です。

My best memory is the volunteer day.

わたしのいちばんの思い出はボランティアの日です。

My best memory is the music festival.

🎧 聞く
🎤 話す
📖 読む
✏️ 書く

わたしのいちばんの思い出は音楽会です。

We had the sports day in October. — 4

学習の目標・
自分たちの過去の体験を英語で伝えられるようになりましょう。

♪a43　教科書　70〜73 ページ

1 自分たちが行った場所の言い方

✓言えたらチェック □□□

We went to the museum.
わたしたちは博物館へ行きました。

✿「わたしたちは〜しました」は We 〈過去の動作を表すことば〉〜. と言います。

✿過去にしたことを言うときは、過去の動作を表すことばを使います。

声に出して言ってみよう　□□に入ることばを入れかえて言いましょう。

We | went to the museum |.

- enjoyed swimming　- cleaned the beach　- sang songs

💡思い出そう
「わたしは〜へ行きました」は I went to 〜. と言います。(→ p.52)

2 自分たちがしたことの感想の言い方

✓言えたらチェック □□□

It was interesting.
おもしろかったです。

✿「(それは)〜でした」と感想を言うときは、It was 〜. と言います。

声に出して言ってみよう　□□に入ることばを入れかえて言いましょう。

It was | interesting |.

- exciting　- great　- fun

過去の動作を表すことばはLesson 3で勉強したね！

ステップアップ　exciting は「(ものやことが)興奮させる、わくわくさせる」という意味です。「(人が)興奮した」と言うときは excited [イクサイティド] を使って、I was excited.(わたしは興奮しました)のように言います。

書いて練習のワーク

⭐ 読みながらなぞって、もう1回書きましょう。

We went to the museum.

わたしたちは博物館へ行きました。

We enjoyed swimming.

わたしたちは水泳を楽しみました。

We sang songs.

わたしたちは歌を歌いました。

It was interesting.

おもしろかったです。

It was great.

すばらしかったです。

It was fun.

楽しかったです。

聞く
話す
読む
書く

 clean には「そうじをする」という動作を表す意味のほかに、「きれいな、清潔な」という状態を表す意味もあるよ。例 a clean room（きれいな部屋）

85

Lesson 5

音声

1 音声を聞いて、英語に合う絵を下から選んで、（　）に記号を書きましょう。 ♪ t15

(1)（　　　　）　(2)（　　　　）　(3)（　　　　）　(4)（　　　　）

ア

イ

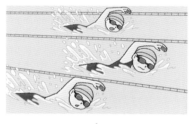

ウ

エ

2 音声を聞いて、ユミのいちばんの思い出について □ から選んで、（　）に日本語で書きましょう。 ♪ t16

	テーマ	答　え
(1)	いちばんの思い出	（　　　　　　　　　　　）
(2)	そのときにしたこと	（　　　　　　　　　　　）
(3)	感想	（　　　　　　　　　　　）

> 合唱コンテスト　おもしろかった　ボランティアの日
> ビーチのそうじをした　楽しかった　歌を歌った

まとめのテスト

We had the sports day in October.

1 日本語の意味を表す英語を ┈┈ から選んで、── に書きましょう。　　　1つ5点〔20点〕

(1) 寺

(2) 湖

(3) かわいい

(4) わくわくさせる

> lake / beach / temple / interesting / exciting / cute

2 日本語の意味に合うように、( ) の中から正しいほうを選んで、◯で囲みましょう。

(1) あなたのいちばんの思い出は何ですか。　　　1つ6点〔30点〕

(Who / What) is your best memory?

(2) わたしのいちばんの思い出は卒業式です。

My best memory is the (entrance / graduation) ceremony.

(3) わたしたちは山に登りました。

We (climbed / cleaned) the mountain.

(4) わたしたちは歌を歌いました。

We (sing / sang) songs.

(5) すばらしかったです。

It (is / was) great.

聞く
話す
読む
書く

買い物

プラスワーク

教科書 76〜77 ページ

音声

⭐ 買い物で使う表現を英語で言えるようになりましょう。　🎵 a44

🍀 注文するとき

【店員】 **What would you like?**

何になさいますか。

【客】 **I'd like ┃spaghetti┃, please.**　スパゲッティーをください。

注文する料理

🍀 値段をたずねるとき

【客】 **How much is it?**

いくらですか。

【店員】 **It's ┃12┃ ┃dollars┃.**　12ドルです。

値段　　「ドル」は dollar
　　　　「円」は yen

🍀 注文したものを受け取るとき

【店員】 **Here you are.**

はい、どうぞ。

英語で注文できる
かな？

【客】 **Thank you.**

ありがとうございます。

What would you like?

何になさいますか。

I'd like spaghetti, please.

スパゲッティーをください。

How much is it?

いくらですか。

It's 12 dollars.

12ドルです。

Here you are.

はい、どうぞ。

Thank you.

ありがとうございます。

聞く
話す
読む
書く

リーディング レッスン

教科書　78 ページ　　答え　10 ページ

⭐ 次の英語の文章を 3 回読みましょう。

✅ 言えたらチェック ☐☐☐

ルーシー

ケン

We saw the earth.

Great! What color was it?

Oh, it was blue.

It was very beautiful.

We saw Japan.

It was green.

earth：地球　　very：とても

文章の内容について、次の質問に答えましょう。

(1) ケンは地球は何色だったと言っていますか。英語１語で □□ に書きましょう。

(2) ルーシーはケンが地球を見たと聞いて何と言っていますか。下から選んで（　）に記号を書きましょう。
　　ア　とても美しい
　　イ　すばらしい
　　ウ　楽しい

（　　　　　）

(3) ケンは何が緑色だったと言いましたか。それを表す絵を下から選んで、（　）に記号を書きましょう。

ア

イ

ウ

（　　　　　）

⭐ 英文をなぞって書きましょう。

We saw the earth.

What color was it?

It was very beautiful.

It was green.

勉強した日 ▶ 　月　　日

I want to be a singer. ① ― 1

基本のワーク

学習の目標
職業を表すことばを英語で言えるようになりましょう。

 音声

教科書 82〜87 ページ

職業を表すことばを覚えよう！

⭐ リズムに合わせて、声に出して言いましょう。　　✓言えたらチェック ☐☐☐　🎵 a45

☐ **astronaut**　　複 astronauts
うちゅうひこうし
宇宙飛行士

☐ **vet**　　複 vets
じゅうい
獣医

☐ **doctor**　　複 doctors
いし
医師

☐ **teacher**　　複 teachers
先生

☐ **singer**　　複 singers
歌手

☐ **baker**　　複 bakers
しょくにん
パン職人

☐ **comedian**　　複 comedians
コメディアン

☐ **carpenter**　　複 carpenters
大工

☐ **cook**　　複 cooks
コック

☐ **nurse**　　複 nurses
かんごし
看護師

☐ **scientist**　　複 scientists
科学者

☐ **soccer player**　　複 soccer players
サッカー選手

複…複数形

書いて練習のワーク

⭐ 読みながらなぞって、1〜2回書きましょう。

astronaut

宇宙飛行士

vet

doctor

獣医

医師

teacher

先生

singer

baker

歌手

パン職人

comedian

コメディアン

carpenter

大工

cook

nurse

コック

看護師

scientist

科学者

聞く
話す
読む
書く

soccer player

サッカー選手

勉強した日　　月　　日

I want to be a singer. ① ─ 2

基本のワーク

学習の目標
職業を表すことばを英語で言えるようになりましょう。

音声

教科書 82〜87 ページ

職業を表すことばを覚えよう！

⭐ リズムに合わせて、声に出して言いましょう。　✓言えたらチェック □□□　♪ a46

☐ police officer
複 police officers
警察官

☐ baseball player
複 baseball players
野球選手

☐ actor
複 actors
俳優

☐ zookeeper
複 zookeepers
動物園の飼育係

☐ bus driver
複 bus drivers
バスの運転手

☐ illustrator
複 illustrators
イラストレーター

☐ pilot
複 pilots
パイロット

☐ designer
複 designers
デザイナー

☐ programmer
複 programmers
プログラマー

ワードボックス

♪ a47

- ☐ play the guitar　ギターを演奏する
- ☐ draw pictures　絵をかく
- ☐ speak English　英語を話す
- ☐ dribble well　じょうずにドリブルする
- ☐ run fast　速く走る
- ☐ bake delicious bread　おいしいパンを焼く
- ☐ famous　有名な
- ☐ cute　かわいい
- ☐ talented　才能のある
- ☐ strong　強い
- ☐ popular　人気のある
- ☐ kind　親切な
- ☐ active　活動的な
- ☐ cool　かっこいい
- ☐ brave　勇かんな
- ☐ smart　頭の良い
- ☐ funny　おもしろい
- ☐ friendly　親しみやすい

複…複数形

書いて練習のワーク

⭐ 読みながらなぞって、1〜2回書きましょう。

police officer

警察官

baseball player

野球選手

actor

俳優

zookeeper

動物園の飼育係

bus driver

バスの運転手

illustrator

イラストレーター

pilot

パイロット

designer

デザイナー

 聞く
話す
 読む
書く

programmer

プログラマー

 英語のトビラ 英語で「警察官」は police officer と言うけれど、「おまわりさん」と呼びかけるときは、officer と言うよ。
例 Excuse me［イクスキューズミー］, officer.（すみません、おまわりさん）

95

I want to be a singer. ① — 3

基本のワーク

 音声

♪ a48 教科書 82〜85 ページ

① 人の職業の言い方

✓ 言えたらチェック ☐☐☐

He is a baseball player.
彼は野球選手です。

✿「彼は［彼女は］〜です」は He[She] is 〜. と言います。

✿「〜」には職業を表すことばを入れます。職業を表すことばの前には a や an をつけます。

🔊 **声に出して言ってみよう** ☐☐に入ることばを入れかえて言いましょう。

He is a baseball player.
・She
・a singer ・a teacher ・an illustrator

➕ **ちょこっとプラス**

日本語の「ア・イ・ウ・エ・オ」に近い音で始まることばの前には a ではなく、an をつけます。
例 an apple, an egg

② 人のできることや性格の言い方

✓ 言えたらチェック ☐☐☐

He can run fast.
He is brave.
彼は速く走ることができます。彼は勇かんです。

✿「彼は［彼女は］〜することができます」は He[She] can 〜. と言います。

✿「彼は［彼女は］〜です」と性格を言うときは、「〜」に性格を表すことばを入れます。

🔊 **声に出して言ってみよう** ☐☐に入ることばを入れかえて言いましょう。

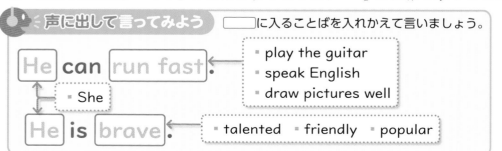

He can run fast.
・She
He is brave.

・play the guitar
・speak English
・draw pictures well

・talented ・friendly ・popular

📝 **表現べんり帳**

相手の言ったことについておどろいたときは、Wow!［ワゥ］（わあ！）などと言います。

 ステップアップ 職業を表すことばで a ではなく an を前につけるものには、an engineer［エンヂニア］（技術者、エンジニア）、an office worker［オ(ー)フィスワーカァ］（会社員）などがあります。

書いて練習のワーク

☆ 読みながらなぞって、もう1回書きましょう。

He is a baseball player.

彼は野球選手です。

She is an illustrator.

彼女はイラストレーターです。

He can run fast.

彼は速く走ることができます。

She can draw pictures well.

彼女はじょうずに絵をかくことができます。

He is brave.

彼は勇かんです。

She is popular.

彼女は人気があります。

聞く
話す
読む
書く

英語の
トビラ
draw は絵をかくときに使い、文字を書くときは write［ライト］を使うよ。picture は「絵」と「写真」の両方の意味があるよ。

97

聞いて練習のワーク

できた数

／6問中

🔊音声

教科書 82〜87 ページ　答え 10 ページ

1 音声を聞いて、絵の内容と合っていれば○、合っていなければ×を（　）に書きましょう。

🎵 t17

(1)　

（　　　　）

(2)　

（　　　　）

(3)　

（　　　　）

(4)　

（　　　　）

2 音声を聞いて、内容にあてはまるものを下から選んで、（　）に記号を書きましょう。

🎵 t18

		職　業	できること	性格・特徴
(1)		（　　　）	（　　　）	（　　　）
(2)		（　　　）	（　　　）	（　　　）

ア　先生
ウ　パン職人
オ　英語を話すこと
キ　親しみやすい

イ　バスケットボール選手
エ　じょうずにドリブルすること
カ　おいしいパンを焼くこと
ク　有名

まとめのテスト

I want to be a singer. ①

勉強した日 〉 月 日

得点 /50点

教科書 82〜87 ページ 　答え 11 ページ

時間 20分

1 英語の意味を表す日本語を線で結びましょう。　1つ4点〔20点〕

(1) carpenter ・　　　・ 俳優（はいゆう）

(2) scientist ・　　　・ コック

(3) police officer ・　　　・ 大工

(4) actor ・　　　・ 警察官（けいさつかん）

(5) cook ・　　　・ 科学者

2 日本語の意味を表す英語の文を 　　 から選んで、 ＝＝ に書きましょう。　1つ10点〔30点〕

(1) 彼（かれ）は歌手です。

(2) 〔(1)に続けて〕　彼はギターを演奏（えんそう）することができます。

(3) 彼女（かのじょ）はおもしろいです。

He is a singer. / She is a cook.
He is smart. / She is funny.
He can play the guitar.
She can play the guitar.

聞く
話す
読む
書く

I want to be a singer. ② ― 1

基本のワーク

学習の目標
将来の夢に関する動作を英語で言えるようになりましょう。

🔊 音声

教科書 88〜91 ページ

将来の夢に関する動作を表すことばを覚えよう！

⭐ リズムに合わせて、声に出して言いましょう。　✔言えたらチェック ☐☐☐　♪a49

☐ **drive**

運転する

☐ **cook**

料理をする

☐ **go**

行く

☐ **help**

助ける、手伝う

☐ **take care of**

〜の世話をする

☐ **make**

作る

☐ **save**

救う

☐ **write**

書く

☐ **talk with**

[会話などで] 〜と話す

Word ワードボックス　♪a50

☐ **a big bus** 大きいバス　　☐ **sick animals** 病気の動物　　☐ **people** 人々

☐ **space** 宇宙　　☐ **Canada** カナダ　　☐ **the USA** アメリカ

☐ **Kenya** ケニア　　☐ **famous songs** 有名な歌　　☐ **delicious food** おいしい食べ物

📝 ことば解説

様子を表すことばは、ものの名前の前に置くこともできます。

「大きい箱」a <u>big</u> box　　「長いペン」a <u>long</u> pen　　「古い本」an <u>old</u> book

書いて練習のワーク

⭐ 読みながらなぞって、1〜2回書きましょう。

drive

運転する

cook

料理をする

go

行く

help

助ける、手伝う

take care of

〜の世話をする

make

作る

save

救う

write

書く

talk with

［会話などで］〜と話す

🎧 聞く
🎤 話す
📖 読む
✏️ 書く

 英語のトビラ take には「取る」、「持っていく、連れていく」、「［乗り物に］乗る」、「［薬を］飲む」、「［写真を］とる」、「買う」、「［動作を］する」などたくさんの意味があるよ。

Lesson 6

I want to be a singer. ② ― 2

基本のワーク

学習の目標・
将来の夢やその理由を
英語で言えるようにな
りましょう。

 音声

♪a51 ｜教科書｜ 86〜91 ページ

---

① 将来の夢のたずね方と答え方　　　✔言えたらチェック ☐☐☐

What do you want to be?
あなたは何になりたいですか。

I want to be a zookeeper.
わたしは動物園の飼育係になりたいです。

✿「あなたは何になりたいですか」は **What do you want to be?** と言います。

✿「わたしは〜になりたいです」は **I want to be 〜.** と言います。

🕐〔声に出して**言ってみよう**〕　☐に入ることばを入れかえて言いましょう。

〔たずね方〕 **What do you want to be?**
〔答え方〕 **I want to be a** [zookeeper].

　　・ bus driver 　・ cook 　・ comedian

📝 **表現べんり帳**
文末に **in the future**〔イ
ンザ**フューチャ**〕(将来は) を
つけることもあります。
例 I want to be a teacher
in the future. (わたしは
将来は先生になりたいです)

---

② その職業につきたい理由の言い方　　　✔言えたらチェック ☐☐☐

I want to take care of many animals.
わたしはたくさんの動物の世話をしたいです。

✿理由を伝えるときは **I want to 〜.**「わたしは〜したいです」や **I like 〜ing.**「わたしは〜す
ることが好きです」などと言います。

🕐〔声に出して**言ってみよう**〕　☐に入ることばを入れかえて言いましょう。

I [want to take care of many animals].

　　　・ want to drive a big bus 　・ like cooking
　　　・ like talking with people

📝 **表現べんり帳**
「わたしは〜することが
好きです」は、like のあ
との動作を表すことばに
ing をつけます。
例 I like cooking. (わた
しは料理をすることが好
きです)

---

many は「多くの、たくさんの」という意味です。many のあとは複数形にします。
例 many balls (たくさんのボール)、many yo-yos (たくさんのヨーヨー)

書いて練習のワーク

★ 読みながらなぞって、もう1回書きましょう。

What do you want to be?

あなたは何になりたいですか。

I want to be a zookeeper.

わたしは動物園の飼育係になりたいです。

I want to take care of

many animals.

わたしはたくさんの動物の世話をしたいです。

I want to be a cook.

わたしはコックになりたいです。

I like cooking.

わたしは料理をすることが好きです。

 将来なりたい職業なんて、まだわからない場合もあるよね。「まだわかりません」は、I don't know [ノウ] yet [イェット]. / I'm not sure [シュア] yet. / I have no idea [アイディ(ー)ア]. などと言うよ。

聞いて練習のワーク

できた数

/6問中

🎵 音声

教科書　86〜91ページ　　答え　11ページ

❶ 音声を聞いて、英語に合う絵を下から選んで、（　）に記号を書きましょう。　🎵 t19

(1) （　　　　）　　(2) （　　　　）　　(3) （　　　　）　　(4) （　　　　）

ア

イ

ウ

エ

❷ 音声を聞いて、それぞれがつきたい職業とその理由に当てはまるものを下から選んで、（　）に記号を書きましょう。　🎵 t20

	名　前	職　業	理　由
(1)	Yuri	（　　　）	（　　　）
(2)	Satoru	（　　　）	（　　　）

ア　獣医　　イ　動物園の飼育係　　ウ　料理をすることが好き
エ　パイロット　　オ　イラストレーター
カ　病気の動物の世話をしたい　　キ　絵をかくことが好き

I want to be a singer. ②

得点

/50点

教科書 86〜91 ページ 答え 12 ページ

時間 20 分

1 英語の意味を表す日本語を [___] から選んで、（ ）に書きましょう。 1つ5点〔20点〕

(1) go （ ）

(2) save （ ）

(3) bus （ ）

(4) people （ ）

救う　食べる　作る　行く
運転する　バス　歌　人々

2 日本語の意味を表す英語の文を [___] から選んで、 ═══ に書きましょう。 1つ10点〔30点〕

(1) あなたは何になりたいですか。

(2) [(1)に答えて]　わたしは歌手になりたいです。

(3) [(2)に続けて]　わたしはたくさんの歌を歌いたいです。

I want to be a comedian.
I want to be a singer.
What do you want to be?
I like talking with people.
I want to sing many songs.

勉強した日　月　日

I want to join the brass band. — 1

基本のワーク

学習の目標
教科や中学校でしたいことを表す英語を言えるようになりましょう。

音声

教科書　94〜97 ページ

教科を表すことばを覚えよう！

リズムに合わせて、声に出して言いましょう。　　☑言えたらチェック □□□　♪a52

☐ **English**
英語

☐ **P.E.**
体育

☐ **music**
音楽

☐ **math**
算数、数学

☐ **Japanese**
国語

☐ **science**
理科

☐ **social studies**
社会科

☐ **home economics**
家庭科

☐ **arts and crafts**
図画工作

Word ワードボックス

♪a53

☐ study English　英語を勉強する　　　　☐ study programming　プログラミングを勉強する

☐ make new friends　新しい友だちを作る　☐ read many books　たくさんの本を読む

☐ go to Canada　カナダに行く　　　　　☐ go to Kyoto　京都に行く

☐ enjoy the drama festival　学芸会を楽しむ　☐ enjoy the sports day　運動会を楽しむ

☐ do volunteer work　ボランティア活動をする　☐ sing in the chorus contest　合唱コンテストで歌う

書いて練習のワーク

⭐ 読みながらなぞって、1〜2回書きましょう。

English

英語

P.E.

体育

music

音楽

math

算数、数学

Japanese

国語

science

理科

social studies

社会科

home economics

家庭科

arts and crafts

図画工作

 アメリカでは学年のことを grade［グレイド］と言うよ。日本の小学校1年から高校3年までの12年間を 1st grade から 12th grade まで通して数えるよ。中学1年なら 7th grade だよ。

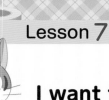

I want to join the brass band. — 2

基本のワーク

学習の目標・
部活動を英語で言えるようになりましょう。

 音声

教科書 94〜97 ページ

部活動を表すことばを覚えよう！

リズムに合わせて、声に出して言いましょう。　☑言えたらチェック □□□　♪ a54

☐ **baseball team**
［複］baseball teams
野球部

☐ **basketball team**
［複］basketball teams
バスケットボール部

☐ **volleyball team**
［複］volleyball teams
バレーボール部

☐ **soccer team**
［複］soccer teams
サッカー部

☐ **tennis team**
［複］tennis teams
テニス部

☐ **table tennis team**
［複］table tennis teams
卓球部（たっきゅうぶ）

☐ **badminton team**
［複］badminton teams
バドミントン部

☐ **art club**
［複］art clubs
美術部（びじゅつぶ）

☐ **chorus**　［複］choruses
合唱部

☐ **drama club**
［複］drama clubs
演劇部（えんげきぶ）

☐ **computer club**
［複］computer clubs
コンピューター部

☐ **science club**
［複］science clubs
科学部

［複］…複数形（ふくすうけい）

書いて練習のワーク

☆ 読みながらなぞって、1～2回書きましょう。

baseball team

野球部

basketball team

バスケットボール部

volleyball team

バレーボール部

soccer team

サッカー部

tennis team

テニス部

table tennis team

卓球部

badminton team

バドミントン部

art club

美術部

chorus

合唱部

drama club

演劇部

computer club

コンピューター部

science club

科学部

聞く
話す
読む
書く

英語のトビラ 日本では部活動は中学3年間同じということが多いけど、アメリカでは秋・冬・春の季節ごとに別のものを選ぶことができるよ。夏は夏休みが3か月もあるので部活動はないよ。

I want to join the brass band. — 3

基本のワーク

学習の目標・
中学生になったらしたいことを言ったりたずねたりできるようになりましょう。

♪ a55 ｜教科書｜ 94〜99 ページ

① 中学生になったらしたいことのたずね方

✔ 言えたらチェック ☐☐☐

What do you want to do in junior high school?
あなたは中学校で何をしたいですか。

❀「あなたは中学校で何をしたいですか」は What do you want to do in junior high school?
と言います。

🔊 声に出して言ってみよう　次の英語を言いましょう。

たずね方 **What do you want to do in junior high school?**

📝 表現べんり帳
What do you 〜? と What を使ってたずねる文は、文の最後を下げるような調子で読みます。

② 中学生になったらしたいことの答え方

✔ 言えたらチェック ☐☐☐

I want to study English.
わたしは英語を勉強したいです。

❀「わたしは〜を勉強したいです」は I want to study 〜. と言います。

🔊 声に出して言ってみよう　　☐に入ることばを入れかえて言いましょう。

答え方 **I want to study English.**

- science
- math
- social studies

📝 表現べんり帳
That's [ザッツ] nice! は「それはいいですね！」という意味です。人の話を聞くときには、積極的にあいづちのことばを言いましょう。

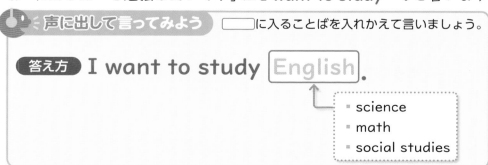
小学校は elementary [エレメンタリィ] school、中学校は junior high school、高校は high school と言います。
elementary は「初級の」、junior は「下の、下級の」という意味です。

書いて練習のワーク

⭐ 読みながらなぞって、もう1回書きましょう。

What do you want to do in

junior high school?

あなたは中学校で何をしたいですか。

I want to study English.

わたしは英語を勉強したいです。

I want to study science.

わたしは理科を勉強したいです。

I want to study math.

聞く
話す
読む
書く

わたしは数学を勉強したいです。

 英語の トビラ アメリカの中学校では、ふつう制服はないよ。また、音楽（合唱・吹奏楽など）や美術、外国語などの教科は自分で好きなものを選べるんだ。

111

I want to join the brass band. — 4

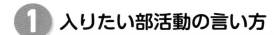

♪ a56　教科書 94〜101 ページ

❶ 入りたい部活動の言い方

✔言えたらチェック □□□

I want to join the tennis team.
わたしはテニス部に入りたいです。

❀「わたしは〜に入りたいです」は **I want to join 〜.** と言います。

❀「〜」には部活動を表すことばを入れます。

🔊 声に出して言ってみよう　□に入ることばを入れかえて言いましょう。

I want to join the `tennis team`.
↑
・ basketball team　・ chorus　・ science club

➕ ちょこっとプラス

部活動は、〜 club と〜 team の言い方があります。文化部には club を、運動部には team を使うことが多いです。

❷ したいことの言い方

✔言えたらチェック □□□

I want to make new friends.
わたしは新しい友だちを作りたいです。

❀「わたしは〜したいです」は **I want to 〜.** と言います。

❀「〜」には動作を表すことばを入れます。

🔊 声に出して言ってみよう　□に入ることばを入れかえて言いましょう。

I want to `make new friends`.
↑
・ enjoy the sports day
・ sing in the chorus contest
・ read many books

➕ ちょこっとプラス

friend と似た意味を表すことばに mate［メイト］があります。
classmate（クラスメート、同級生）や teammate（チームメイト、チームの仲間）などで使います。

ステップ
アップ
「わたしは〜部に入っています」は、I'm in[on] 〜. と言います。
例 I'm in the science club. / I'm on the volleyball team.

書いて練習のワーク

⭐ 読みながらなぞって、もう1回書きましょう。

I want to join the tennis team.

わたしはテニス部に入りたいです。

I want to join the science club.

わたしは科学部に入りたいです。

I want to make new friends.

わたしは新しい友だちを作りたいです。

I want to enjoy the sports day.

わたしは運動会を楽しみたいです。

I want to read many books.

聞く
話す
読む
書く

わたしはたくさんの本を読みたいです。

 英語のトビラ　部活動を英語で言うとき、club や team を使うことが多いけれど、使わないで言うものもあるよ。「合唱部」は chorus、「吹奏楽部」は brass band と言うことがあるよ。

Lesson 7

聞いて練習のワーク

教科書 94〜101 ページ 　答え 12 ページ

1 音声を聞いて、絵の内容と合っていれば○、合っていなければ×を（ ）に書きましょう。

♪ t21

(1)

（ 　　 ）

(2)

（ 　　 ）

(3)

（ 　　 ）

(4)

（ 　　 ）

2 音声を聞いて、中学生になったらしたいことについて ［ ］ から選んで、（ ）に日本語で書きましょう。

♪ t22

	テーマ	答　え
(1)	勉強したい教科	（ 　　　　　　　　　　 ）
(2)	入りたい部活動	（ 　　　　　　　　　　 ）
(3)	したいこと	（ 　　　　　　　　 ）こと

プログラミングを勉強する　国語　社会科　科学部
新しい友だちを作る　コンピューター部　理科

まとめのテスト

I want to join the brass band.

得点 /50点

時間 20分

教科書 94〜101 ページ 答え 13 ページ

1 英語の意味を表す日本語を下から選んで、（ ）に記号を書きましょう。 1つ5点〔20点〕

(1) do volunteer work （ ）

(2) enjoy the sports day （ ）

(3) go to Canada （ ）

(4) read many books （ ）

ア たくさんの本を読む　　イ　学芸会を楽しむ　　ウ　カナダに行く
エ　ボランティア活動をする　　オ　運動会を楽しむ

2 日本語の意味を表す英語の文を ⬚ から選んで、⬚ に書きましょう。 1つ10点〔30点〕

(1) あなたは中学校で何をしたいですか。

(2) わたしは合唱部に入りたいです。

(3) 〔(2)に続けて〕　わたしは合唱コンテストで歌いたいです。

I want to join the chorus.
What do you want to do in junior high school?
What do you want to be?
I want to sing in the chorus contest.

聞く　話す　読む　書く

ABC Fun Box ③

プラスワーク

1. 絵に合うように □□□ の中の単語カードから選んで、□□ に文を書きましょう。ただし、カードは1度しか使えません。

例

I play the piano.

(1)

●

(2)

●

(3)

●

English I like the piano I play

the recorder study I cats

文のつくり方をおさらいしよう！

それぞれの絵を参考にして、 からつながりのある 2 つの英語の文のカードを選んで、 に文を書きましょう。

例

I like P.E.

I can run fast.

(1)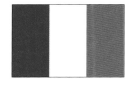

(2)

I want to eat pizza.　I can swim fast.

I can dance well.　I like sports.

I want to go to Italy.　I like math.

リーディング レッスン

 教科書　106 ページ　答え　13 ページ

次の英語の文章を３回読みましょう。

✓言えたらチェック □□□

Dear Ken,

I can't say, "Goodbye."

I am sorry.

I am from the year 2040.

You are my best friend.

We had a great time.

Dear 〜,：親愛なる〜へ　　say：言う　　Goodbye.：さようなら。　　I am sorry.：ごめんなさい。

Question

できた数
／3問中

文章の内容について、次の質問に答えましょう。

(1) この手紙はだれにあてて書かれたものですか。英語で ▭ に書きましょう。

（2）下線部の気持ちを表す絵を下から選んで（　）に記号を書きましょう。

ア

イ

ウ

（　　　）

(3) 英文の内容に合わないことはどれですか。下から選んで（　）に記号を書きましょう。

ア　「さようなら」を言うことができて良かった。

イ　2040 年から来た。

ウ　すばらしいときをすごした。

（　　　）

118

This is me!

プラスワーク

教科書 108〜109 ページ

⭐ プロフィールカードを書いて、今の自分を伝えよう。

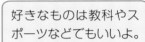 t23

My name is Sasaki Yui .

わたしの名前は佐々木唯です。

My birthday is August 18th .

わたしの誕生日は8月18日です。

I am good at basketball .

わたしはバスケットボールが得意です。

I like curry and rice .

わたしはカレーライスが好きです。

好きなものは教科やスポーツなどでもいいよ。

My best memory is the sports day .

わたしのいちばんの思い出は運動会です。

⭐ 読みながら、自分のことを書きましょう。

My name is ＿＿＿＿＿＿＿＿＿＿＿＿＿＿ .

My birthday is ＿＿＿＿＿＿＿＿＿＿＿ .

I am good at ＿＿＿＿＿＿＿＿＿＿＿＿ .

I like ＿＿＿＿＿＿＿＿＿＿＿＿＿＿＿ .

My best memory is the ＿＿＿＿＿＿＿ .

英語の文の形

⭐ 中学校での学習に向けて英語の文の形をおさらいしましょう。

▶「―は…です」の文

◆ am、are、isを使った文

I **am** Sakura.

I am = I'm　　わたしはサクラです。

I **am not** Sakura.

I am not = I'm not

わたしはサクラではありません。

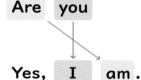 am のあとに not があるね。

You **are** Sakura.

あなたはサクラです。

Are **you** Sakura?

あなたはサクラですか。

Yes, **I** **am** . 　はい、そうです。

No, **I** **am not** .

いいえ、ちがいます。

Who **is** **she** ? 　彼女はだれですか。

She **is** Sakura.

彼女はサクラです。

 is が前に 出ているね。

▶「―は～を…します」の文

◆ 動作を表すことば（動詞）を使った文

I **have a ball.**

わたしはボールを持っています。

I **do not** **have a ball.**

do not = don't

わたしはボールを持っていません。

do のあとに not があるね。

You **have a ball.**

あなたはボールを持っています。

Do **you** **have a ball?**

あなたはボールを持っていますか。

Yes, **I** **do** .

はい、持っています。

No, **I** **do not** .

いいえ、持っていません。

What **do** **you** **have** ?

あなたは何を持っていますか。

I **have a ball** .

わたしはボールを持っています。

 do が前に 出ているね。

● 「～ではありません、～しません」の文を否定文と言います。

● 「～ですか、～しますか」の文を疑問文と言います。

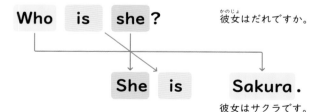
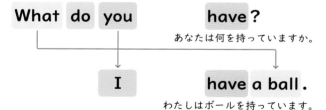

動画で復習 & アプリで練習！

重要表現まるっと整理

6年生の重要表現を復習するよ！動画でリズムにあわせて楽しく
復習したい人は **1** を、はつおん練習にチャレンジしたい人は
2 を読んでね。**1** → **2** の順で使うとより効果的だよ！

Alec先生

1 「わくわく動画」の使い方

各ページの冒頭についているQRコードを読み取ると、動画の再生ページにつながります。

Alec先生に続けて子どもたちが1人ずつ
はつおんします。Alec先生が「You!」と呼
びかけたらあなたの番です。

It's your turn!（あなたの番です）が出
たら、画面に出ている英文をリズムにあわ
せてはつおんしましょう。

最後に自己表現の練習をします。
It's your turn! が出たら、画面上の
英文をはつおんしましょう。◯◯◯ の中
に入れる単語は Hint! も参考にしましょう。

2 「文理のはつおん上達アプリ　おん達」の使い方

ホーム画面下の「かいわ」を選んで、学習したいタイトルをおします。

ダウンロード

アクセスコード

EHNU6F9a

トレーニング
1 🔊 をおしてお手本の音声を聞きます。
2 🎤 をおして英語をふきこみます。
3 点数を確認し、▶ をおして自分の音声を聞きましょう。

チャレンジ
1 カウントダウンのあと会話が始まります。
2 🎤 が光ったら英語をふきこみ、最後にもう一度 🎤 をおします。
3 "Role Change!"と出たら役をかわります。

※アクセスコード入力時から15か間ご利用になれます。
※本サービスは無料ですが、別途各通信会社の通信料がかかります。　※お客様のネット環境および端末によりご利用いただけない場合がございます。
ご理解、ご了承いただきますよう、お願いいたします。　※【推奨環境】スマートフォン、タブレット等（iOS11以上、Android8.0以上）

第 **1** 回

生活や家事について
重要表現まるっと整理

6-01

📹動画

⭐ アプリを使って会話の練習をしましょう。80点以上になるように何度も練習しましょう。

トレーニング 生活や家事についての表現を練習しましょう。＿＿の部分をかえて練習しましょう。

♪s01

☐① What time do you usually get up?

・go to school ・have dinner ・go to bed

あなたはたいてい何時に起きますか。

☐② I usually get up at 7:00.

・go to school ・have dinner ・go to bed ・8:00 ・6:30 ・9:00

わたしはたいてい7時に起きます。

☐③ What do you do in the morning?

あなたは午前中、何をしますか。

☐④ I always walk the dog.

・usually ・sometimes ・clean my room ・wash the dishes ・take out the garbage

わたしはいつもイヌを散歩させます。

チャレンジ 生活や家事についての会話を練習しましょう。

♪s02

What time do you usually get up?

I usually get up at 7:00.

What do you do in the morning?

I always walk the dog.

第2回 行きたい国について
重要表現まるっと整理

6-02

 動画

アプリを使って会話の練習をしましょう。80点以上になるように何度も練習しましょう。

トレーニング 行きたい国についての表現を練習しましょう。____の部分をかえて練習しましょう。

♪ s03

□① **Where do you want to go?** あなたはどこへ行きたいですか。

□② **I want to go to Italy.** わたしはイタリアへ行きたいです。
　　・Australia ・India ・Egypt

□③ **Why?** なぜですか。

□④ **I want to eat pizza.** わたしはピザが食べたいです。
　　・see koalas ・eat curry ・see the pyramids

まねして
言ってみよう！

チャレンジ 行きたい国についての会話を練習しましょう。

♪ s04

Where do you want to go?

I want to go to Italy.

Why?

I want to eat pizza.

聞く
話す
読む
書く

第3回 夏休みにしたことについて
重要表現まるっと整理

6-03

動画

⭐ アプリを使って会話の練習をしましょう。80点以上になるように何度も練習しましょう。

トレーニング 夏休みにしたことについての表現を練習しましょう。____の部分をかえて練習しましょう。

♪ s05

☐① How was your summer vacation?　　　あなたの夏休みはどうでしたか。

☐② I went to <u>the mountains</u>.　　　わたしは山へ行きました。
- the summer festival ・ my grandparents' house ・ the sea

☐③ I <u>enjoyed camping</u>.　　　わたしはキャンプを楽しみました。
- saw fireworks ・ ate watermelon ・ enjoyed swimming

☐④ It was <u>great</u>.　　　すばらしかったです。
- exciting ・ delicious ・ fun

チャレンジ 夏休みにしたことについての会話を練習しましょう。

♪ s06

How was your summer vacation?

I went to the mountains.

I enjoyed camping.
It was great.

第**4**回 **自分の町について**

重要表現まるっと整理

6-04
📺動画

⭐ アプリを使って会話の練習をしましょう。80点以上になるように何度も練習しましょう。

トレーニング 自分の町についての表現を練習しましょう。___の部分をかえて練習しましょう。

🎵 s07

□① We have a <u>stadium</u> in our town.
　　(・zoo　・convenience store　・library)
わたしたちの町にはスタジアムがあります。

□② We can <u>see soccer games</u> in the <u>stadium</u>.
　　(・see many animals　・buy snacks　・read many books)　(・zoo　・convenience store　・library)
わたしたちはスタジアムでサッカーの試合を見ることができます。

□③ We don't have <u>an aquarium</u> in our town.
　　(・an amusement park　・a department store　・a bookstore)
わたしたちの町には水族館がありません。

□④ I want <u>an aquarium</u> in our town.
　　(・an amusement park　・a department store　・a bookstore)
わたしはわたしたちの町に水族館がほしいです。

チャレンジ 自分の町について会話を練習しましょう。

🎵 s08

We have a stadium in our town.
We can see soccer games in the stadium.

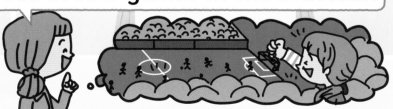

We don't have an aquarium in our town.
I want an aquarium in our town.

聞く
話す
読む
書く

第5回 つきたい職業について
重要表現まるっと整理

6-05

▶動画

⭐ アプリを使って会話の練習をしましょう。80点以上になるように何度も練習しましょう。

トレーニング つきたい職業についての表現を練習しましょう。＿＿の部分をかえて練習しましょう。

♪ s09

☐① What do you want to be?　あなたは何になりたいですか。

☐② I want to be a doctor.　わたしは医者になりたいです。
- a teacher　・a cook　・an astronaut

☐③ Why?　なぜですか。

がんばって！

☐④ I want to help people.　わたしは人びとを助けたいです。
- like children　・like cooking　・want to go into space

チャレンジ つきたい職業についての会話を練習しましょう。

♪ s10

What do you want to be?

I want to be a doctor.

Why?

I want to help people.

第6回 小学校での一番の思い出について

6-06

動画

重要表現まるっと整理

⚫ アプリを使って会話の練習をしましょう。80点以上になるように何度も練習しましょう。

トレーニング　小学校での一番の思い出についての表現を練習しましょう。____の部分をかえて練習しましょう。

♪ s11

☐① What's your best memory?　　あなたの一番の思い出は何ですか。

☐② My best memory is our <u>sports day</u>.　わたしの一番の思い出は運動会です。

　　　　・field trip　・chorus contest　・school trip

☐③ What did you do?　　あなたは何をしましたか。

☐④ I <u>enjoyed running</u>.　　わたしは走ることを楽しみました。

　・ate *obento*　・enjoyed singing　・saw many temples

チャレンジ　小学校での一番の思い出についての会話を練習しましょう。

♪ s12

What's your best memory?

My best memory is our sports day.

What did you do?

I enjoyed running.

聞く
話す
読む
書く

127

第 7 回

入りたい部活動について
重要表現 まるっと 整理

6-07

▶動画

⭐ アプリを使って会話の練習をしましょう。80点以上になるように何度も練習しましょう。

トレーニング 入りたい部活動についての表現を練習しましょう。___の部分をかえて練習しましょう。

♪ s13

☐① What club do you want to join?　　あなたは何部に入りたいですか。

☐② I want to join the table tennis team.　　わたしは卓球部に入りたいです。

・chorus ・science club ・cooking club

☐③ What school event do you want to enjoy?　　あなたはどんな学校行事を楽しみたいですか。

☐④ I want to enjoy the school festival.　　わたしは学園祭を楽しみたいです。

・chorus contest ・swimming meet ・drama festival

チャレンジ 入りたい部活動についての会話を練習しましょう。

♪ s14

What club do you want to join?

I want to join the table tennis team.

What school event do you want to enjoy?

I want to enjoy the school festival.

実力判定テスト

夏休みのテスト

時間 **20**分

名前

得点

/100点

🔊音声

教科書　12〜31ページ　答え　14ページ　🎧聞く

1 音声を聞いて、絵の内容と合っていれば○、合っていなければ×を（　）に書きましょう。

1つ4点〔16点〕

♪t24

(1)

（　　　　）

(2)

（　　　　）

(3)

（　　　　）

(4)

（　　　　）

2 音声を聞いて、それぞれの出身地と好きなもの・ことを線で結びましょう。

1つ4点〔12点〕

♪t25

出身地　　　　　　好きなもの・こと

(1)

　・

中国　　　　　・

緑

(2)

　・

オーストラリア　・

(3)

　・

インド　　　　・

6 次のメモを見て、内容に合うように ⌈⌉ から選んで、▭ に英語を書きましょう。

1つ10点〔30点〕

Asahi　Ren

【メモ】
～わたしたちの共通点について～
・スポーツが好き
・じょうずにサッカーをすることができる
・ブラジルへ行きたい
・サッカーの試合を見たい

We like ▭ .

We can play soccer well.

We want to go to

▭ .

We want to ▭

soccer games.

watch / Brazil / baseball
have / sports / the USA

3 音声を聞いて、それぞれの町にあるものとないものを下から選んで、記号を（ ）に書きましょう。

1つ8点〔32点〕

♪ t26

	町にあるもの	町にないもの
(1)	（　　　　）	遊園地
(2)	コンビニエンスストア	（　　　　）
(3)	（　　　　）	ビーチ
(4)	レストラン	（　　　　）

ア　スタジアム　　イ　プール　　ウ　公園
エ　文房具店（ぶんぼうぐてん）　　オ　図書館

4 国際交流イベントでマリナが日本のことを紹介（しょうかい）しています。音声を聞いて、その内容に合うように（ ）に日本語を書きましょう。

1つ10点〔40点〕

♪ t27

Marina

	テーマ	答　え
(1)	紹介している行事	（　　　　　　　　　　　　　）
(2)	(1)がある月	（　　　　　　　　　　　　　）
(3)	(1)ですること	（　　　　　　　　　　）こと
(4)	(3)の感想	（　　　　　　　　　　　　　）

うら面の問題も解きましょう。

夏休みのテスト

5 日本語の意味になるように ⌐ ¬ から選んで、＿＿ に英語を書きましょう。　1 つ 5 点〔20点〕

(1) 節分は 2 月にあります。

We ＿＿＿＿＿＿＿＿

setsubun in February.

(2) 〔(1)に続けて〕　楽しいです。

It is ＿＿＿＿＿＿＿＿ .

(3) わたしたちの町には郵便局があります。

We have a post office in

our ＿＿＿＿＿＿＿＿ .

(4) 〔(3)に続けて〕　駅はありません。

We ＿＿＿＿＿＿＿＿ have a

station.

do / beautiful / have / town
don't / lake / fun

冬休みのテスト

時間 **20**分

名前

得点

/100点

| 教科書 | 42〜73 ページ | 答え | 15 ページ |

🎧聞く

1 音声を聞いて、絵の内容と合っていれば○、合っていなければ×を（　）に書きましょう。

1つ4点〔16点〕

♪ t28

(1)

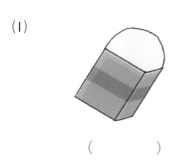

（　　　　　）

(2)

（　　　　　）

(3)

（　　　　　）

(4)

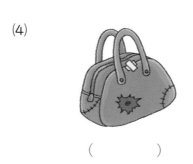

（　　　　　）

2 音声を聞いて、それぞれの楽しんだことと食べたものを線で結びましょう。

1つ6点〔18点〕

♪ t29

楽しんだこと　　　　　食べたもの

(1)

 ・  ・ ・

(2)

 ・  ・ ・

(3)

 ・  ・ ・

6 次のメモを見て、内容に合うように ┆┄┄┆ から選んで、▱ に英語を書きましょう。

【メモ】
～冬休みの思い出～
・おばあさんの家へ行った
・料理をすることを楽しんだ
・スパゲッティーを食べた

I ▱ to my
grandmother's house.
I ▱ cooking.
I ▱ spaghetti.

┆┄┄┄┄┄┄┄┄┄┄┄┄┄┄┄┄┄┄┄┄┆
┆ climbed / cleaned / went ┆
┆ saw / enjoyed / ate ┆
┆┄┄┄┄┄┄┄┄┄┄┄┄┄┄┄┄┄┄┄┄┆

3 音声を聞いて、（　）にあてはまるものを下から選んで、記号を（　）に書きましょう。

1つ6点〔36点〕

♪ t30

	現在	過去	過去の感想
(1)	（　　　）	書店	（　　　）
(2)	病院	（　　　）	（　　　）
(3)	（　　　）	（　　　）	大きい

ア　小さい　　イ　良い　　ウ　美しい　　エ　水田
オ　喫茶店（きっさてん）　　カ　美術館（びじゅつかん）　　キ　レストラン

4 リクがインタビューを受けています。音声を聞いて、その内容に合うように（　）に日本語を書きましょう。

1つ10点〔30点〕

♪ t31

Riku

	テーマ	答　え
(1)	いちばんの思い出	（　　　　　　　　　　　　）
(2)	(1)で何をしたか	（　　　　　　　　　　　　）
(3)	(2)の感想	（　　　　　　　　　　　　）

うら面の問題も解きましょう。

●勉強した日　　月　　日

実力判定テスト

冬休みのテスト

時間 10分

名前　　得点　/50点

書く　読む

教科書 42～73ページ　答え 15ページ

5 日本語の意味になるように［　］から選んで、＿＿に英語を書きましょう。文の最初にくることばは大文字で書きはじめましょう。　1つ5点〔20点〕

(1) どうでしたか。

＿＿＿＿ was it?

(2) ［(1)に答えて］　おいしかったです。

It was ＿＿＿＿ .

(3) それは冷たいです。

It ＿＿＿＿ cold.

(4) ［(3)に続けて］　それは熱かったです。

It ＿＿＿＿ hot.

what / how / was / is
delicious / great

実力判定テスト

学年末のテスト

時間 **20**分

名前

得点

/100点

教科書　12〜101 ページ　答え　16 ページ

🔊音声

🎧聞く

1 音声を聞いて、英語に合う絵を下から選んで、（　）に記号を書きましょう。 1つ4点〔16点〕

(1) (　　　　) 　(2) (　　　　) 　(3) (　　　　) 　(4) (　　　　)

♪ **t32**

ア

イ

ウ

エ

2 音声を聞いて、それぞれが中学校で勉強したい教科と入りたい部活動を線で結びましょう。

1つ8点〔24点〕

♪ **t33**

勉強したい教科　　　　　入りたい部活動

(1)

Apple!

(2)

(3)

6 次のメモを見て、内容に合うように ┆┄┄┆ から選んで、▭ に英語を書きましょう。

1 つ10点〔30点〕

【メモ】
〜中学生になったらしたいこと〜
入りたい部活動：テニス部
楽しみたいこと：運動会
勉強したい教科：国語

I want to

I want to enjoy the

I want to study

join the tennis team / math
Japanese / join the basketball team
sports day / music festival

3 音声を聞いて、それぞれがなりたいものとその理由を下から選んで、記号を（　）に書きましょう。

1つ3点〔24点〕

(1)	なりたいもの（　　　）	(2)	なりたいもの（　　　）
	理由（　　　）		理由（　　　）
(3)	なりたいもの（　　　）	(4)	なりたいもの（　　　）
	理由（　　　）		理由（　　　）

ア　パン職人　　イ　バスの運転手　　ウ　コック　　エ　動物園の飼育係
オ　看護師　　カ　たくさんの動物の世話をしたい
キ　料理をすることが好き　　ク　病気の人々を助けたい
ケ　おいしいパンを作りたい　　コ　大きいバスを運転したい

4 アユミがある人を紹介しています。音声を聞いて、その内容に合うように（　）に日本語を書きましょう。

1つ12点〔36点〕

Ayumi

	テーマ	答　え
(1)	職業	（　　　　　　　　　　　　　　）
(2)	できること	（　　　　　　　　　　）こと
(3)	性格・特徴	（　　　　　　　　　　　　　　）

うら面の問題も解きましょう。

●勉強した日　　月　　日

実力判定テスト

学年末のテスト

時間 10分

名前

得点

/50点

書く

読む

教科書 12〜101 ページ　答え 16 ページ

5 日本語の意味になるように ┆┄┄┆ から選んで、 ‾‾ に英語を書きましょう。　1 つ 5 点〔20点〕

(1) わたしたちは中国出身です。

We are _____ China.

(2) 〔(1)に続けて〕　わたしたちはふたごです。

We are _____ .

(3) あなたは中学校で何をしたいですか。

What do you want to _____

in junior high school?

(4) 〔(3)に答えて〕　わたしは新しい友だちを作りたいです。

I want to _____ .

┆┄┄┄┄┄┄┄┄┄┄┄┄┄┄┄┄┄┄┄┄┄┄┄┄┄┄┄┄┄┄┄┄┄┄┄┆
┆　make new friends / talk with people　┆
┆　do / be / can / from / twins / players　┆
┆┄┄┄┄┄┄┄┄┄┄┄┄┄┄┄┄┄┄┄┄┄┄┄┄┄┄┄┄┄┄┄┄┄┄┄┄┆

実力判定テスト

6年生の単語 38 語を書こう！

単語リレー

時間 30分

単語カード 1 〜 156　　答え 18 ページ

6年生のわくわく英語カードで覚えた単語のおさらいです。絵に合う単語を ⬚ から選び、⬚ に書きましょう。

❶
お笑い芸人

❷
科学者

❸
作家

❹
めがね

❺
ラケット

❻
かさ

❼
ラグビー

❽
サーフィン

writer

racket

rugby

umbrella

surfing

scientist

glasses

comedian

㉙ 書店

㉚ 神社

㉛ 美しい

㉜ （背が）高い

㉝ あまい

㉞ すっぱい

㉟ 楽しむ

㊱ 教える

㊲ 夕食を食べる

㊳ 皿をあらう

tall

sweet

shrine

enjoy

wash the dishes

beautiful

eat dinner

teach

bookstore

sour

採点をして正しく書けた語数を入れよう！

語/38語 クリア！

⑨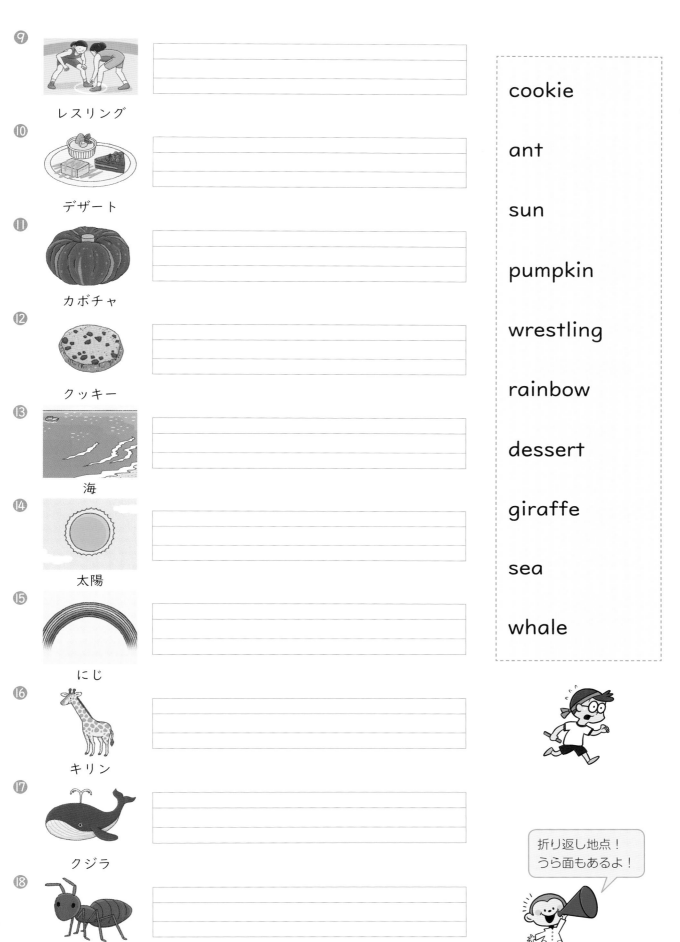
レスリング

⑩
デザート

⑪
カボチャ

⑫
クッキー

⑬
海

⑭
太陽

⑮
にじ

⑯
キリン

⑰
クジラ

⑱
アリ

cookie

ant

sun

pumpkin

wrestling

rainbow

dessert

giraffe

sea

whale

折り返し地点！
うら面もあるよ！

⑲ 運動会

⑳ マラソン

㉑ 卒業式

㉒ エジプト

㉓ 韓国

㉔ イギリス

㉕ 花火

㉖ 祭り

㉗ 動物園

㉘ 町

fireworks

Egypt

marathon

festival

Korea

zoo

graduation ceremony

town

the U.K.

sports day

答えとてびき

「答えとてびき」は、とりはずすことができます。

三省堂版

英語6年

使い方

まちがえた問題は、もう一度よく読んで、なぜまちがえたのかを考えましょう。音声を聞きなおして、あとに続いて言ってみましょう。

Lesson 1

20ページ 聞いて練習のワーク

❶ (1)○ (2)○ (3)× (4)×
❷ (1)エ (2)ア (3)ウ (4)イ

てびき

❶ (1) pizza「ピザ」
(2) basketball「バスケットボール」
(3) badminton「バドミントン」
(4) chicken「とり肉」
❷ We のあとに続くことばを注意して聞き取りましょう。
(1) We are from ～. は「わたしたちは～出身です」という意味です。Japan「日本」
(2)(3) We are ～. は「わたしたちは～です」という意味です。twins「ふたご」、baseball player(s)「野球選手」
(4) We like ～. は「わたしたちは～が好きです」という意味です。volleyball「バレーボール」

読まれた英語

❶ (1) pizza (2) basketball
(3) badminton (4) chicken
❷ (1) We are from Japan.
(2) We are twins.
(3) We are baseball players.
(4) We like volleyball.

21ページ まとめのテスト

❶ (1) are from (2) like
(3) are (4) purple

❷ (1) Australia

(2) soccer players

(3) sandwiches

てびき

❶ (1)「わたしたちは～出身です」は We are from ～. と言います。China「中国」
(2)「わたしたちは～が好きです」は We like ～. と言います。dodgeball「ドッジボール」
(3)「わたしたちは～です」は We are ～. と言います。junior high school student(s)「中学生」
(4)「わたしたちは～が好きです」は We like ～. と言います。purple「むらさき」
❷ メモの内容に注目します。
(1)メモに「オーストラリア出身」とあるので、We are from Australia.（わたしたちはオーストラリア出身です）とします。
(2)メモに「サッカー選手である」とあるので、We are soccer players.（わたしたちはサッカー選手です）とします。
(3)メモに「サンドイッチが好き」とあるので、We like sandwiches.（わたしたちはサンドイッチが好きです）とします。

28 ページ 聞いて練習のワーク

❶ (1) ウ　(2) イ　(3) ア　(4) エ
❷ (1) ウ　(2) イ　(3) オ

てびき

❶ (1) ride「乗る」
(2) ski「スキーをする」
(3) draw「[線画を] かく」
(4) swim「泳ぐ」
❷ (1) We can ～. は「わたしたちは～することができます」という意味です。sing well「じょうずに歌う」
(2) We want to go to ～. は「わたしたちは～に行きたいです」という意味です。Brazil「ブラジル」
(3) We want to ～. は「わたしたちは～したいです」という意味です。watch soccer games「サッカーの試合を見る」

読まれた英語

❶ (1) ride
(2) ski
(3) draw
(4) swim
❷ We like music. We can sing well. We want to go to Brazil. We want to watch soccer games.

29 ページ まとめのテスト

❶ (1) 作る　　　　(2) オーストラリア
(3) 英語を話す　(4) 買い物に行く

❷ (1) We can play badminton.
(2) We want to go to the USA.
(3) We want to eat hamburgers.

てびき

❶ (1) make「作る」
(2) Australia「オーストラリア」
(3) speak English「英語を話す」
(4) go shopping「買い物に行く」
❷ (1)「わたしたちは～することができます」は We can ～. と言います。play badminton「バドミントンをする」
(2)「わたしたちは～に行きたいです」は We want to go to ～. と言います。the USA「アメリカ」
(3)「わたしたちは～したいです」は We want to ～. と言います。eat hamburgers「ハンバーガーを食べる」

Lesson 2

聞いて練習のワーク

❶ (1) イ　(2) ア　(3) エ　(4) ウ

❷
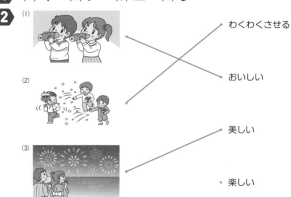

(1) ─── わくわくさせる

(1) ─── おいしい

(2) ─── 美しい

(3) ─── 楽しい

てびき ❶ We have ～ in〈月〉. は「(行事) は…月にあります」という意味です。

(1) the Doll Festival「ひな祭り」、March「3月」
(2) New Year's Day「元日」、January「1月」
(3) the Star Festival「七夕」、July「7月」
(4) Children's Day「こどもの日」、May「5月」

❷ We〈動作を表すことば～〉. は「～します」、It is ～. は「(それは) ～です」、They are ～. は「(それらは) ～です」という意味です。

(1) eat *ehomaki*「恵方巻きを食べる」、delicious「おいしい」
(2) throw beans「豆を投げる」、exciting「わくわくさせる」
(3) watch fireworks「花火を見る」、beautiful「美しい」

読まれた英語

❶ (1) We have the Doll Festival in March.
(2) We have New Year's Day in January.
(3) We have the Star Festival in July.
(4) We have Children's Day in May.

❷ (1) We eat *ehomaki*. It is delicious.
(2) We throw beans. It is exciting.
(3) We watch fireworks. They are beautiful.

まとめのテスト

❶ (1) 2月　(2) 10月　(3) 春　(4) 冬

❷ (1) have　(2) make

(3) fun

てびき ❶ (1) February「2月」
(2) October「10月」
(3) spring「春」
(4) winter「冬」

❷ (1)「(行事) は…月にあります」は We have ～ in〈月〉. と言います。
(2)「願いごとをします」は We make a wish. と言います。
(3)「(それは) ～です」は It is ～. と言います。fun「楽しいこと」

1 (1)エ (2)ウ (3)ア (4)イ

2 (1)○ (2)× (3)× (4)○

てびき

1 (1) restaurant「レストラン」

(2) library「図書館」

(3) park「公園」

(4) swimming pool「プール」

2 (1)(2)地図には駅と郵便局があるので、We have a station.（駅があります）は合っています。We don't have a post office.（郵便局はありません）は合っていません。

(3)(4)地図にはスタジアムとコンビニエンスストアがないので、We have a stadium.（スタジアムがあります）は合っていません。We don't have a convenience store.（コンビニエンスストアはありません）は合っています。

読まれた英語

1 (1) restaurant

(2) library

(3) park

(4) swimming pool

2 (1) We have a station.

(2) We don't have a post office.

(3) We have a stadium.

(4) We don't have a convenience store.

1 (1) amusement park

(2) station

(3) town

(4) beach

(5) stadium

2 (1) have (2) don't have

てびき

1 (1)「遊園地」amusement park

(2)「駅」station

(3)「町」town

(4)「ビーチ」beach

(5)「スタジアム」stadium

2 (1)「わたしたちの町には〜があります」はWe have 〜 in our town. と言います。stationery store「文房具店」

(2)「〜がありません」はWe don't have 〜. と言います。lake「湖」

ABC Fun Box 1

44〜45 ページ プラスワーク

❶

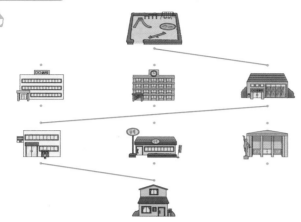

❷ (1) | c | at |

(2) | fo | x |

❸ (1) six　(2) bag

(3) pen

てびき
❶ library「図書館」、post office「郵便局」、home「家」という意味です。
❷ (1)「ネコ」cat
(2)「キツネ」fox
❸ (1)「6」six
(2)「かばん」bag
(3)「ペン」pen

48〜49 ページ リーディングレッスン

(1) the | past |

(2) ウ　(3) きょうりゅう

てびき
(1) 最初の文に注目します。I want to go to 〜. は「わたしは〜に行きたいです」という意味です。past「過去」
(2) 3文目に注目します。Spin the globe. は「地球儀(きゅうぎ)をまわしなさい」という意味です。
(3) 最後の文に注目します。I can see 〜. は「わたしは〜が見えます」という意味です。so many dinosaurs「とても多くのきょうりゅう」

Lesson 3

❶ (1)ウ (2)イ (3)エ (4)ア

❷

	行った場所	見たもの
(1)	(エ)	(オ)
(2)	(ア)	(キ)
(3)	(ウ)	(イ)

❶ (1) shopping center「ショッピングセンター」

(2) grandmother's house「おばあさんの家」

(3) movie theater「映画館」

(4) stadium「スタジアム」

❷ I went to ～. は「わたしは～へ行きました」、I saw ～. は「わたしは～を見ました」という意味です。

(1) Australia「オーストラリア」、kangaroo「カンガルー」

(2) zoo「動物園」、panda「パンダ」

(3) Hyogo「兵庫県」、Himeji Castle「姫路城」

📢 読まれた英語

❶ (1) shopping center

(2) grandmother's house

(3) movie theater

(4) stadium

❷ (1) I went to Australia. I saw kangaroos.

(2) I went to the zoo. I saw pandas.

(3) I went to Hyogo. I saw Himeji Castle.

❶ (1) Hawaii　(2) zoo

(3) whale　(4) sea

(5) park

❷ (1) I went to the beach.

(2) I saw koalas.

📢

❶ (1)「ハワイ」Hawaii

(2)「動物園」zoo

(3)「クジラ」whale

(4)「海」sea

(5)「公園」park

❷ (1)「わたしは～へ行きました」は I went to ～. と言います。beach「ビーチ」

(2)「わたしは～を見ました」は I saw ～. と言います。koala「コアラ」

62 ページ 聞いて練習のワーク

❶ (1) ×　(2) ×　(3) ○　(4) ○
❷ (1) 買い物
　 (2) スパゲッティー
　 (3) 楽しかった

てびき

❶ (1) playing cards「トランプをすること」
(2) fishing「魚つり」
(3) watching TV「テレビを見ること」
(4) reading books「本を読むこと」
❷ (1) I enjoyed 〜. は「わたしは〜を楽しみました」という意味です。shopping「買い物」
(2) I ate 〜. は「わたしは〜を食べました」という意味です。spaghetti「スパゲッティー」
(3) It was 〜. は「(それは)〜でした」という意味です。fun「楽しいこと」

読まれた英語

❶ (1) playing cards
　 (2) fishing
　 (3) watching TV
　 (4) reading books
❷ (1) I enjoyed shopping.
　 (2) I ate spaghetti.
　 (3) It was fun.

63 ページ まとめのテスト

❶ (1) カレーライス
(2) ジョギング
(3) ハンバーガー
(4) 料理をすること
(5) 大きい

❷ (1) I ate shaved ice.
(2) I enjoyed camping.
(3) How was it?
(4) It was great.

てびき

❶ (1) curry and rice「カレーライス」
(2) jogging「ジョギング」
(3) hamburger「ハンバーガー」
(4) cooking「料理をすること」
(5) big「大きい」
❷ (1)「わたしは〜を食べました」は I ate 〜. と言います。shaved ice「かき氷」
(2)「わたしは〜を楽しみました」は I enjoyed 〜. と言います。camping「キャンプ」
(3)「(それは)どうでしたか」は How was it? と言います。
(4)「(それは)〜でした」は It was 〜. と言います。great「すばらしい」

ABC Fun Box ②

64〜65 ページ **プラスワーク**

1 (1) banana

(2) lemon

(3) apple

(4) swimming

(5) tennis

(6) soccer

2 (1) I play the guitar.

(2) We study English.

(3) I eat spaghetti.

てびき **1** (1) banana「バナナ」

(2) lemon「レモン」

(3) apple「リンゴ」

(4) swimming「水泳」

(5) tennis「テニス」

(6) soccer「サッカー」

2 (1) I play the guitar. は「わたしはギターを演奏(えんそう)します」という意味です。

(2) We study English. は「わたしたちは英語を勉強します」という意味です。

(3) I eat spaghetti. は「わたしはスパゲッティーを食べます」という意味です。

Lesson 4

76 ページ **聞いて練習のワーク**

1 (1) ×　(2) ○　(3) ×　(4) ○

2

		現在の状態	過去の状態
(1)	飼いイヌ	（　ウ　）	（　エ　）
(2)	気温	（　ア　）	（　イ　）
(3)	天気	（　カ　）	（　オ　）

てびき **1** (1) mountain「山」

(2) music room「音楽室」

(3) wood「木材」

(4) pencil「えんぴつ」

2 It is 〜. は「それは〜です」という意味で、現在のことを表します。It was 〜. は「それは〜でした」という意味で、過去のことを表します。

(1) big は「大きい」、small は「小さい」という意味です。

(2) hot は「暑い」、cold は「寒い」という意味です。

(3) cloudy は「くもっている」、sunny は「晴れている」という意味です。

読まれた英語

1 (1) mountain

(2) music room

(3) wood

(4) pencil

2 (1) It is big. It was small.

(2) It is hot. It was cold.

(3) It is cloudy. It was sunny.

77
ページ まとめのテスト

1 (1) 消しゴム
(2) 暑い
(3) 長い
(4) 空

2 (1) Look at that building.

(2) It is yellow.

(3) It was green.

てびき
1 (1) eraser「消しゴム」
(2) hot「暑い」
(3) long「長い」
(4) sky「空」
2 (1)「あの建物を見て」はLook at that building.
と言います。
(2)(3)「それは〜です」は It is 〜.、「それは〜でし
た」は It was 〜. と言います。yellow「黄」、
green「緑」

Lesson 5

86
ページ 聞いて練習のワーク

1 (1) エ　(2) イ　(3) ア　(4) ウ
2 (1) ボランティアの日
(2) ビーチのそうじをした
(3) おもしろかった

てびき
1 (1) sports day「運動会」
(2) drama festival「学芸会」
(3) school trip「修学旅行」
(4) swim meet「水泳大会」
2 (1) My best memory is 〜. は「わたしのいち
ばんの思い出は〜です」という意味です。
volunteer day「ボランティアの日」
(2) We〈過去の動作を表すことば〉〜. は「わた
したちは〜しました」という意味です。
cleaned the beach「ビーチのそうじをした」
(3) It was 〜. は「(それは) 〜でした」という意味
です。interesting「おもしろい (興味深い)」

読まれた英語
1 (1) sports day
(2) drama festival
(3) school trip
(4) swim meet
2 (1) My best memory is the volunteer day.
(2) We cleaned the beach.
(3) It was interesting.

87ページ まとめのテスト

1 (1) temple　(2) lake

(3) cute　(4) exciting

2 (1) What　(2) graduation

(3) climbed　(4) sang　(5) was

てびき

1 (1)「寺」temple

(2)「湖」lake

(3)「かわいい」cute

(4)「わくわくさせる」exciting

2 (1)「あなたのいちばんの思い出は何ですか」は
What is your best memory? と言います。

(2) graduation ceremony「卒業式」

(3) climbed the mountain「山に登った」

(4) sang songs「歌を歌った」

(5)「(それは) 〜でした」は It was 〜. と言います。

90〜91ページ リーディングレッスン

(1) blue

(2) イ　(3) ウ

てびき

(1) 4文目に注目します。4文目の it は
1文目の the earth「地球」をさすので、地球
は青色だったとわかります。blue「青」

(2) 2文目に注目します。Great! は「すばらし
い！」という意味です。

(3) 最後の2文に注目します。We saw 〜. は「わ
たしたちは〜を見ました」という意味です。
最後の文の It は Japan「日本」をさすので、
日本が緑色だったことがわかります。

Lesson 6

98ページ 聞いて練習のワーク

1 (1) ○　(2) ×　(3) ×　(4) ○

2

	職業	できること	性格・特徴
(1)	(イ)	(エ)	(ク)
(2)	(ア)	(オ)	(キ)

てびき

1 (1) nurse「看護師」

(2) astronaut「宇宙飛行士」

(3) pilot「パイロット」

(4) doctor「医師」

2 (1) He is 〜. は「彼は〜です」、He can 〜. は
「彼は〜することができます」という意味で
す。basketball player「バスケットボール選
手」、dribble well「じょうずにドリブルする」、
famous「有名な」

(2) She is 〜. は「彼女は〜です」、She can 〜. は
「彼女は〜することができます」という意味
です。teacher「先生」、speak English「英
語を話す」、friendly「親しみやすい」

読まれた英語

1 (1) nurse

(2) astronaut

(3) pilot

(4) doctor

2 (1) He is a basketball player.　He can
dribble well.　He is famous.

(2) She is a teacher.　She can speak
English.　She is friendly.

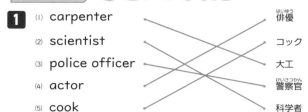

99ページ まとめのテスト

1
(1) carpenter ——— 俳優(はいゆう)
(2) scientist ——— コック
(3) police officer ——— 大工
(4) actor ——— 警察官(けいさつかん)
(5) cook ——— 科学者

2
(1) He is a singer.

(2) He can play the guitar.

(3) She is funny.

てびき

1 (1) carpenter「大工」
(2) scientist「科学者」
(3) police officer「警察官」
(4) actor「俳優」
(5) cook「コック」
2 (1)「彼は〜です」はHe is 〜.と言います。singer「歌手」
(2)「彼は〜することができます」はHe can 〜.と言います。play the guitar「ギターを演奏(えんそう)する」
(3)「彼女は〜です」はShe is 〜.と言います。funny「おもしろい」

104ページ 聞いて練習のワーク

1 (1)ウ (2)イ (3)エ (4)ア

2

	名前	職業	理由
(1)	Yuri	（オ）	（キ）
(2)	Satoru	（ア）	（カ）

てびき

1 (1) drive「運転する」
(2) cook「料理をする」
(3) talk with「[会話などで]〜と話す」
(4) write「書く」
2 What do you want to be? は「あなたは何になりたいですか」という意味です。I want to be 〜.（わたしは〜になりたいです）で答えます。理由を言うときは I want to 〜.（わたしは〜したいです）や I like 〜ing.（わたしは〜することが好きです）などと言います。
(1) illustrator「イラストレーター」、drawing pictures「絵をかくこと」
(2) vet「獣医(じゅうい)」、take care of sick animals「病気の動物の世話をする」

📢 読まれた英語

1 (1) drive
(2) cook
(3) talk with
(4) write
2 (1) What do you want to be, Yuri?
— I want to be an illustrator. I like drawing pictures.
(2) What do you want to be, Satoru?
— I want to be a vet. I want to take care of sick animals.

1 (1) 行く (2) 救う
  (3) バス (4) 人々

2 (1) What do you want to be?

  (2) I want to be a singer.

  (3) I want to sing many songs.

1 (1) go「行く」
(2) save「救う」
(3) bus「バス」
(4) people「人々」

2 (1)「あなたは何になりたいですか」はWhat do you want to be? と言います。
(2)「わたしは～になりたいです」は I want to be ～. と言います。singer「歌手」
(3)「わたしは～したいです」はI want to ～. と言います。sing many songs「たくさんの歌を歌う」

Lesson 7

1 (1) × (2) ○ (3) ○ (4) ×
2 (1) 理科 (2) コンピューター部
  (3) プログラミングを勉強する

てびき

1 (1) social studies「社会科」
(2) P.E.「体育」
(3) art club「美術部」
(4) table tennis team「卓球部」
2 What do you want to do in junior high school?
は「あなたは中学校で何をしたいですか」という意味です。
(1) I want to study ～. は「わたしは～を勉強したいです」という意味です。science「理科」
(2) I want to join ～. は「わたしは～に入りたいです」という意味です。computer club「コンピューター部」
(3) I want to ～. は「わたしは～したいです」という意味です。study programming「プログラミングを勉強する」

📢 読まれた英語

1 (1) social studies
  (2) P.E.
  (3) art club
  (4) table tennis team
2 What do you want to do in junior high school?
  — I want to study science. I want to join the computer club. I want to study programming.

115ページ まとめのテスト

1 (1) エ　(2) オ　(3) ウ　(4) ア

2 (1) What do you want to do in junior high school?

(2) I want to join the chorus.

(3) I want to sing in the chorus contest.

てびき

1 (1) do volunteer work「ボランティア活動をする」

(2) enjoy the sports day「運動会を楽しむ」

(3) go to Canada「カナダに行く」

(4) read many books「たくさんの本を読む」

2 (1)「あなたは中学校で何をしたいですか」はWhat do you want to do in junior high school? と言います。

(2)「わたしは～に入りたいです」はI want to join ～. と言います。chorus「合唱部」

(3)「わたしは～したいです」はI want to ～. と言います。sing in the chorus contest「合唱コンテストで歌う」

ABC Fun Box 3

116〜117ページ プラスワーク

1 (1) I play the recorder.

(2) I like cats.

(3) I study English.

2 (1) I want to go to Italy.

I want to eat pizza.

(2) I like sports.

I can dance well.

てびき

1 (1) I play the recorder. は「わたしはリコーダーを演奏します」という意味です。

(2) I like cats. は「わたしはネコが好きです」という意味です。

(3) I study English. は「わたしは英語を勉強します」という意味です。

2 (1) I want to go to Italy. は「わたしはイタリアへ行きたいです」、I want to eat pizza. は「わたしはピザを食べたいです」という意味です。

(2) I like sports. は「わたしはスポーツが好きです」、I can dance well. は「わたしはじょうずにおどることができます」という意味です。

118ページ リーディングレッスン

(1) Ken

(2) ウ　(3) ア

てびき

(1) 最初の文に注目します。Dear ～, は「親愛なる～へ」という意味です。手紙の書き出しに使います。

(2) I am sorry. は「ごめんなさい」という意味です。あやまるときに使います。

(3) 1文目に注目します。I can't say, "～." は「わたしは『～』と言うことができません」という意味です。イは3文目、ウは5文目に書かれています。

夏休みのテスト

1 (1) ×　(2) ○　(3) ○　(4) ×

2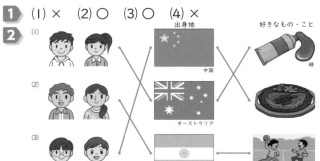

出身地　好きなもの・こと

中国　緑

オーストラリア

インド

3

	町にあるもの	町にないもの
(1)	（　オ　）	遊園地
(2)	コンビニエンスストア	（　イ　）
(3)	（　エ　）	ビーチ
(4)	レストラン	（　ウ　）

4 (1) 花見　(2) 4月　(3) 桜の花を楽しむ
(4) 美しい

5 (1) have　(2) fun
(3) town　(4) don't

6
We like sports .
We can play soccer well.
We want to go to
Brazil .
We want to watch
soccer games.

てびき　**1** (1) hamburger「ハンバーガー」
(2) badminton「バドミントン」
(3) station「駅」
(4) fall「秋」
2 We are from ～. は「わたしたちは～出身です」、
We like ～. は「わたしたちは～が好きです」とい
う意味です。
(1) Australia「オーストラリア」、green「緑」
(2) India「インド」、dodgeball「ドッジボール」

(3) China「中国」、steak「ステーキ」
3 We have ～in our town. は「わたしたちの町
には～があります」、We don't have ～. は「～
がありません」という意味です。
(1) library「図書館」
(2) swimming pool「プール」
(3) stationery store「文房具店」
(4) park「公園」
4 (1)(2) We have ～ in〈月〉. は「（行事）は…月
にあります」という意味です。hanami「花見」、
April「4月」
(3) We〈動作を表すことば～〉. は「～します」
という意味です。enjoy the cherry blossoms
「桜の花を楽しむ」
(4) They are ～. は「（それらは）～です」という
意味です。beautiful「美しい」
5 (1)「（行事）は…月にあります」は We have
～in〈月〉. と言います」
(2)「（それは）楽しいです」は It is fun. と言い
ます。fun「楽しいこと」
(3)「わたしたちの町には～があります」は We
have～in our town. と言います。town「町」
(4)「～がありません」は We don't have～. と言
います。
6 We like ～. は「わたしたちは～が好きです」
という意味です。sports「スポーツ」
We want to go to ～. は「わたしたちは～に行
きたいです」という意味です。Brazil「ブラジル」
We want to ～. は「わたしたちは～したいで
す」という意味です。watch「見る」

読まれた英語

1 (1) hamburger
(2) badminton
(3) station
(4) fall
2 (1) We are from Australia. We like green.
(2) We are from India. We like dodgeball.
(3) We are from China. We like steak.
3 (1) We have a library in our town. We
don't have an amusement park.
(2) We have a convenience store in our
town. We don't have a swimming pool.
(3) We have a stationery store in our

town. We don't have a beach.

⑷ We have a restaurant in our town. We don't have a park.

4 My name is Marina. We have *hanami* in April. We enjoy the cherry blossoms. They are beautiful.

冬休みのテスト

1 (1) ×　(2) ×　(3) ○　(4) ○

2

3

	現在	過去	過去の感想
(1)	（ カ ）	書店	（ イ ）
(2)	病院	（ エ ）	（ ウ ）
(3)	（ キ ）	（ オ ）	大きい

4 (1) ボランティアの日　(2) 公園のそうじをした
(3) 楽しかった

5 (1) How　(2) delicious
(3) is　(4) was

6

I went to my
grandmother's house.
I enjoyed cooking.
I ate spaghetti.

てびき 　**1** (1) pencil case「筆箱」
(2) music room「音楽室」
(3) marathon「マラソン大会」
(4) old「古い」
2 I enjoyed 〜. は「わたしは〜を楽しみました」、I ate 〜. は「わたしは〜を食べました」という意味です。
(1) hiking「ハイキング」、curry and rice「カレーライス」
(2) shopping「買い物」、ice cream「アイスクリーム」
(3) playing cards「トランプをすること」、pizza「ピザ」
3 It is 〜. は「それは〜です」、It was 〜. は「それは〜でした」という意味です。

(1) museum「博物館、美術館」、good「良い」

(2) rice field「水田」、beautiful「美しい」

(3) restaurant「レストラン」、coffee shop「喫茶店」

4 (1) What is your best memory? は「あなたのいちばんの思い出は何ですか」という意味です。答えるときは My best memory is ～. 「わたしのいちばんの思い出は～です」と言います。the volunteer day「ボランティアの日」

(2) I〈過去の動作を表すことば〉～. は「わたしは～しました」という意味です。cleaned the park「公園のそうじをした」

(3) It was ～. は「(それは) ～でした」という意味です。fun「楽しいこと」

5 (1)(2)「(それは) どうでしたか」は How was it? と言います。感想をたずねるときに使います。答えるときは It was ～. 「(それは) ～でした」で答えます。delicious「おいしい」

(3)(4)「それは～です」は It is ～. と言い、現在のことを言うときに使います。「それは～でした」は It was ～. と言い、過去のことを言うときに使います。

6「わたしは～へ行きました」は I went to ～. と言います。

「わたしは～を楽しみました」は I enjoyed ～. と言います。

「わたしは～を食べました」は I ate ～. と言います。

📢 **読まれた英語**

1 (1) pencil case
(2) music room
(3) marathon
(4) old

2 (1) I enjoyed hiking. I ate curry and rice.
(2) I enjoyed shopping. I ate ice cream.
(3) I enjoyed playing cards. I ate pizza.

3 (1) It is a museum. It was a bookstore. It was good.
(2) It is a hospital. It was a rice field. It was beautiful.
(3) It is a restaurant. It was a coffee shop. It was big.

4 What is your best memory?
— My best memory is the volunteer day. I cleaned the park. It was fun.

1 (1) ウ (2) ア (3) イ (4) エ

2

勉強したい教科　入りたい部活動

3

(1)	なりたいもの (エ)	(2)	なりたいもの (オ)
	理由 (カ)		理由 (ク)
(3)	なりたいもの (イ)	(4)	なりたいもの (ウ)
	理由 (コ)		理由 (キ)

4 (1) 先生　(2) 英語を話す　(3) 強い

5 (1) **from**　(2) **twins**

(3) **do**　(4) **make new friends**

6

I want to
join the tennis team .

I want to enjoy the
sports day .

I want to study
Japanese .

🪧 **てびき**　**1** (1) dictionary「辞書」

(2) Children's Day「こどもの日」

(3) shopping center「ショッピングセンター」

(4) school trip「修学旅行」

2 What do you want to do in junior high school? は「あなたは中学校で何をしたいですか」という意味です。答えるときは I want to study ～. 「わたしは～を勉強したいです」、I want to join ～. 「わたしは～に入りたいです」などと言います。

(1) social studies「社会科」、soccer team「サッカー部」

(2) English「英語」、science club「科学部」

(3) Japanese「国語」、drama club「演劇部」

3 What do you want to be? は「あなたは何になりたいですか」という意味です。答えるときは I want to be 〜.「わたしは〜になりたいです」と言います。理由を言うときは I want to 〜.「わたしは〜したいです」、I like 〜.「わたしは〜が好きです」などと言います。

(1) zookeeper「動物園の飼育係」、take care of many animals「たくさんの動物の世話をする」

(2) nurse「看護師」、help sick people「病気の人々を助ける」

(3) bus driver「バスの運転手」、drive a big bus「大きいバスを運転する」

(4) cook「コック」、cooking「料理をすること」

4 (1)(3) He is 〜. は「彼は〜です」という意味です。teacher「先生」、strong「強い」

(2) He can 〜. は「彼は〜することができます」という意味です。speak English「英語を話す」

5 (1)「わたしたちは〜出身です」は We are from 〜. と言います。

(2)「わたしたちは〜です」は We are 〜. と言います。twins「ふたご」

(3)(4)「あなたは中学校で何をしたいですか」は What do you want to do in junior high school? と言います。答えるときは I want to 〜.「わたしは〜したいです」と言います。make new friends「新しい友だちを作る」

6「わたしは〜したいです」は I want to 〜. と言います。join the tennis team「テニス部に入る」

「わたしは〜を楽しみたいです」は I want to enjoy 〜. と言います。sports day「運動会」

「わたしは〜を勉強したいです」は I want to study 〜. と言います。Japanese「国語」

📢 読まれた英語

1 (1) dictionary

(2) Children's Day

(3) shopping center

(4) school trip

2 (1) What do you want to do in junior high school?

— I want to study social studies. I want to join the soccer team.

(2) What do you want to do in junior high school?

— I want to study English. I want to join the science club.

(3) What do you want to do in junior high school?

— I want to study Japanese. I want to join the drama club.

3 (1) What do you want to be?

— I want to be a zookeeper. I want to take care of many animals.

(2) What do you want to be?

— I want to be a nurse. I want to help sick people.

(3) What do you want to be?

— I want to be a bus driver. I want to drive a big bus.

(4) What do you want to be?

— I want to be a cook. I like cooking.

4 This is Mr. Moriyama. He is a teacher. He can speak English. He is strong.

17

単語リレー

① comedian ② scientist

③ writer ④ glasses

⑤ racket ⑥ umbrella

⑦ rugby ⑧ surfing

⑨ wrestling ⑩ dessert

⑪ pumpkin ⑫ cookie

⑬ sea ⑭ sun

⑮ rainbow ⑯ giraffe

⑰ whale ⑱ ant

⑲ sports day ⑳ marathon

㉑ graduation ceremony

㉒ Egypt ㉓ Korea

㉔ the U.K. ㉕ fireworks

㉖ festival ㉗ zoo

㉘ town ㉙ bookstore

㉚ shrine ㉛ beautiful

㉜ tall ㉝ sweet

㉞ sour ㉟ enjoy

㊱ teach

㊲ eat dinner

㊳ wash the dishes

3 2 1 0 9 8 7 6 5 4
* * D C B A